图像处理技术及其交通应用

刘　浩　张　可
葛启彬　李佑钢　编著

人民交通出版社股份有限公司
China Communications Press Co.,Ltd.

内 容 提 要

本书以交通视频图像处理技术为主线，全面回顾了交通视频监控体系发展现状，结合视频图像分析技术的基本理论，系统总结了在交通领域应用较为广泛的行人检测和车辆检测技术的研究成果。本书共分为5章，包括绪论、视频图像处理技术概述、交通视频监控应用与发展、行人视频检测技术和车辆视频检测技术等内容。

本书可供政府部门、交通科研院所、交通运输行业管理及技术人员参考。

图书在版编目(CIP)数据

图像处理技术及其交通应用/ 刘浩等编著. —北京：人民交通出版社股份有限公司，2015.10

ISBN 978-7-114-12710-6

Ⅰ. ①图… Ⅱ. ①刘… Ⅲ. ①图形处理—应用—交通运输 Ⅳ. ①U-39

中国版本图书馆 CIP 数据核字(2015)第 314006 号

书　　名: 图像处理技术及其交通应用
著 作 者: 刘　浩　张　可　葛启彬　李佑钢
责任编辑: 张　鑫
出版发行: 人民交通出版社股份有限公司
地　　址: (100011)北京市朝阳区安定门外外馆斜街3号
网　　址: http://www.ccpress.com.cn
销售电话: (010) 59757973
总 经 销: 人民交通出版社股份有限公司发行部
经　　销: 各地新华书店
印　　刷: 北京市密东印刷有限公司
开　　本: 787×1092　1/16
印　　张: 12
字　　数: 250千
版　　次: 2015年10月　第1版
印　　次: 2017年 8月　第2次印刷
书　　号: ISBN 978-7-114-12710-6
定　　价: 60.00元

序　言

随着人类社会物质文化生活的极大丰富，城市内部和外部的交通基础设施条件逐步改善，融合程度日趋提高，发展水平日益提升，交通系统体量规模越来越大，运行场景越来越多元，复杂程度越来越高，其运行状态监测和控制的成本呈爆发式增长，大规模、实时、自动监测和控制的难度不断增加。随着计算机视觉领域研究的深入探索，基于计算机视觉理论的视频交通检测技术，其可监视范围广、能获取多种参数、成本低、易于维护等多种优点更加凸显，具备在交通领域应用的可能性和可行性。

早在 20 世纪 80 年代，美国、欧洲和日本等发达国家就提出并运用视频和图像分析技术在车辆识别、车速检测、车流量密度计算等领域进行了深入研究和探索，并取得了较好的应用效果。较之国外，我国基于视频的交通检测起步虽然较晚但成果丰硕，从 20 世纪 90 年代的初步关注，到成型产品的大范围推广应用，用了不到 10 年时间。以北京市为例，据不完全统计，已实现利用视频对路面、卡口、场站、轨道交通站台、枢纽公共区域等各类交通设施和环境的远程监测，广泛使用了多项视频检测技术，不但积累了大量的历史视频数据，而且实现了对部分分析结果的记录，在对人、车、路和环境等要素的自动检测和监控方面都取得了较好的应用效果。尽管如此，国内现有视频交通检测技术和产品在实际运行中，在实时性、稳定性和可靠性等方面仍存在较大的提升空间。

本书围绕行人、车辆、道路和环境四大要素，重点针对行人和车辆检测等应用需求提出视频图像处理技术，在全面、系统总结学术界和技术应用领域已有研究成果和应用经验的基础上，比较深入地对视频图像识别的关键问题进行了剖析并提供了最新的研究成果作为解决方案，为视频图像在交通领域非结构化数据分析和挖掘认知注入了全新的理念，是提升交通视频数据分析科研水平和应用效果的又一利器，为促进视频图像分析技术在交通领域的研究和应用提供了理论指引和现实支撑。

本书在图像处理技术领域的研究成果基础上，较为系统地介绍了图像处理技术在智能交通领域应用的理论基础和应用环境，并结合具体应用案例做了进一步诠释和分析。其中，第1章从视频图像资源管理与应用的角度入手，重点面向交通领域，对交通视频资源管理与应用的情况进行概要介绍，由张可撰写。第2章介绍了视频图像处理技术的基本概念，对视频图像处理技术所涉及的基本理论、原理和方法做了全面介绍，包括视频图像的基本概念、常用的视频滤波技术和视频图像运动目标检测技术，由刘浩、俞祝良 撰写，杜倩云协助完成。第3章介绍了视频监控在交通行业的发展和应用，针对交通行业的不同领域，对视频监控的类型分场景进行了详细介绍，由刘浩、葛启彬撰写，李佑钢、张勇、李静协助完成。第4章重点围绕监控客流运行状态的视频图像，全面深入地介绍了行人视频检测技术的原理、方法及应用，由刘浩、俞祝良完成，蔡泽彬协助完成。第5章重点围绕监控车辆运动状态的视频图像，全面深入地介绍了车辆视频检测技术的原理、方法和应用，由刘浩、俞祝良完成，张润初协助完成。全书的统稿工作由刘浩完成。

本书在整理的过程中参阅了大量国内外著作、学位论文和有关文章，有的文献可能由于疏忽未能在参考文献中列出，在此谨向本书直接或间接引用的研究成果的作者一并表示深切的谢意。此外，本书的出版得到了中国博士后科学基金（一等资助）“基于视频图像处理的路网交通状态监测技术研究（课题编号 2014M560060）”、北京博士后科学基金“基于视频信号处理的交通网态势感知技术研究（课题编号 2014ZZ-65）”、北京市科委“基于视频提取的高速公路动态运行监测技术研究（课题编号 Z131106002813012）”、北京市交通委“交通视频大数据处理分析应用总体规划及应用一期示范（课题编号

kj2015-35)”等项目资助。

限于笔者的理论水平和实践经验，书中难免存在不妥和错误之处，恳请广大读者提出宝贵意见。

作　者

2015 年 10 月

目　　录

第1章 绪 论

本章从视频图像资源管理与应用的角度入手,重点面向交通领域,对交通视频资源管理与应用的情况进行概要介绍。在此基础上,介绍本书的总体思路、主要内容与篇章结构。

1.1 视频图像资源管理与应用

简单直观地讲,视频图像就是用摄像机将人眼看到的场景自动客观地记录下来,从而解决了辅助人眼进行监视的问题。借助视频图像存储技术,又可以解决历史场景回放的问题。随着网络传输技术的发展,又可以将视频图像传输到方便的地点,从而解决了远程非现场监视的问题。再进一步,随着图像分析技术和视频智能提取技术的发展,还可以将"人眼"看到的场景,转化为"人脑"可直接应用的"信息"。

随着社会的发展,人们的工作和生活已经越来越离不开视频图像。城市管理、社会治安、安防保卫、工业制造、医学诊断等方方面面,都将视频图像作为重要的辅助手段。伴随着数字城市、智慧城市的建设,城市正向着公共区域全覆盖无缝监控发展。于是,我们拥有了越来越多的视频图像,如何管理和应用这些海量的视频图像,使之成为有用的"资源",便成为随之而来的话题。

第一个层面是视频图像资源管理的问题。一是如何将这些海量的视频图像,分门别类、属性完备地规范管理起来,便于查询调阅;二是如何实现将视频以尽可能小的网络代价和尽可能高的图像质量传输到指定的地点,这就涉及图像压缩和传输的问题;三是不同主体间图像共享和使用的问题,如何实现不同主体间图像的共享和按需自由切换调阅,如何兼顾不同层级管理部门对同一图像资源的使用需求。

第二个层面是视频图像内容应用的问题。视频图像不仅仅供人眼在不同时间、地点、场景去看,尚可通过图像分析、视频提取等图像内容管理层面的技术应用,转化为更具价值的数据资源。主要包括:一是通过视频滤波技术,将图像质量根据应用需要增强,突出应用关注的内容;二是通过视频图像运动目标检测技术,从图像中识别并跟踪特定的运动目标,从而实现某些监测对象的自动检测和监测指标的自动统计;三是通过视频智能提取分析技术,将视频图像直接转化为"人眼 + 人脑"共同完成的判断和决策,这也是视频图像应用的最高境界,近年来在指纹识别、人脸识别、产品无损检测、自动光学检查、医学图像分析、汽车自动驾驶、交通状态识别等领域,均取得了长足发展。

第二个层面视频图像内容的应用是本书关注的重点。

1.2 交通视频资源管理与应用

交通系统作为由人、车(运载工具)、路(基础设施)、环境四要素构成的复杂大系统,管理主体多元、监测对象繁多、交通行为复杂、状态瞬息万变,视频图像成为辅助交通管理的重要支撑手段,视频资源管理与应用技术在交通领域取得了常态化和大规模的应用,成为交通管理与服务中不可或缺的重要支撑手段。

我国交通领域对视频图像的大规模应用,起始于20世纪80年代后期开始的高速公路运营管理。伴随着高速公路的建成通车,作为三大机电系统之一的监控系统同步建成,路段、收费广场摄像机以及相应的各级高速公路监控中心,采集和汇集了大量的高速公路监控视频图像资源,进而基于视频图像进行断面交通流检测和交通事件检测,采集交通流信息和交通事件。

另一方面,随着20世纪90年代城市智能交通系统的发展和建设应用,各地均纷纷兴建城市交通管理指挥中心，对城市公安交通管理视频图像的管理和应用取得了长足发展。交通管理指挥中心基于视频图像对城市交通进行监控和指挥，基于视频图像进行交通违法的非现场执法。视频交通检测器为交通管理指挥中心采集路况数据，已经成为断面交通流检测的重要补充手段之一。

随着智能交通建设和应用的进一步推进，交通视频资源日益丰富，包括公共汽电车、轨道交通、交通枢纽、普通公路、停车设施等在内的交通运输各个领域也纷纷应用视频监控手段，初步形成了覆盖基础设施（道路、场站、枢纽、停车设施等）、营运运载工具及重点区域行人的海量视频图像资源采集体系。以北京市为例，通过各部门多年来的持续建设以及全市层面视频资源共享机制的建立，在北京市交通运行监测调度中心（TOCC）的监测大厅，已整合接入全市近6万路交通视频资源，涵盖城市道路、高速公路、普通公路三大路网，地面公交、轨道交通、出租汽车、公共自行车四大市内交通方式，公路省际客运、民航、铁路三大城际客运方式，以及交通枢纽、停车管理等综合交通各个领域，其中营运车辆的车载视频资源达到2万多路。

目前交通领域对于视频图像资源的应用，可以概括为以下几种情形：

一是交通视频监控类应用。这是最主要的一类应用，各级高速公路监控中心、城市交通管理指挥中心、各级交通部门和营运企业监控中心，利用各自建设管理的交通视频资源，进行交通监控。但由于视频图像资源丰富，以人工监控为主且人力有限，普遍存在无法全面监控、“监而不控”的问题，甚至从实际应用效果来看，称为“交通监视”更为贴切。

二是基于视频识别的交通检测类应用。作为断面交通流检测主要技术手段之一，视频交通检测器已成为应用普遍的主流技术产品，实现对道路断面交通流三参数的自动检测。此外，还包括：通过视频识别或辅以其他手段，实现闯红灯、超速驾驶、违法停车等交通违法行为的非现场执法；通过牌照识别比对，实现路段行程时间估计、收费车道收费辅助管理、停车场收费管理；

基于视频进行道路交通事件检测和报警；基于视频或辅以其他技术手段进行行人交通流检测，主要应用于地铁换乘通道或其他重点区域的关键断面。这类应用是当前交通视频资源应用的主体，技术相对成熟、应用规模越来越大。

三是基于视频的交通智能提取分析类应用。直接利用视频图像资源，通过智能提取分析技术，达到“人眼 + 人脑”的功能，自动识别交通运行状态。这应该是交通视频图像应用的最高境界，目前总体仍处于技术攻关和示范应用阶段。典型应用案例为直接通过视频图像，自动动态识别路段交通运行拥堵阶段、区域或通道客流拥挤程度。目前在北京110国道收费路段，已实现基于全程全覆盖的监控视频资源，通过视频智能分析，直接自动获得路段交通拥堵状态。应该说，这是交通视频资源应用的发展方向。

相对于如此丰富的交通视频图像资源，当前交通视频资源的管理和应用仍存在明显的不足，主要体现在以下方面：

一方面是图像资源整合难度大、共享应用困难。由于交通视频资源采集系统由不同单位分别建设，系统所采取的技术标准和接口协议各不相同，机制和技术的双重问题导致交通视频资源整合难度大，共享应用困难。上级部门调阅基层单位图像，往往只能固定指定路数，无法实现全部视频图像资源的自由切换调阅。整合的图像也难以再与其他有合理需求的单位共享。

另一方面是视频资源利用程度低，图像内容提取程度不足。由于仍以人工监控为主要应用模式，海量视频图像难以全面监控，“监而不控”导致视频资源利用程度低，难以发挥资源效应，甚至造成资源浪费，“交通监控”在许多场合已被负面化。因此，亟待通过视频智能提取技术的应用，将图像变为可用数据，为管理和服务提供有效支撑。

针对图像资源整合难度大、共享应用困难的问题，北京市交通部门开展了积极的探索，取得了阶段性成果。依托TOCC二期工程建设，在北京市交通运行监测调度中心，在原有接入视频资源的基础上，打造全新数字化的北京市交通视频资源管理应用集成平台。采取充分利用既有资源、不影响视频源单位既有业务应用的原则，通过灵活应用多种技术方式、适应性改造接口协议的技术策略，整合了 9 大领域、23 家单位、26 789 路视频资源，实现了 PAL(Phase Alteration Line)和 NTSC(National Television Standards Comittee)两种制式，MPEG2、MPEG4、H264、SVAC 等四种格式，以及 12 家厂家私有协议视频的接入；通过前置机方式解决了不影响视频源单位既有应用的视频对外共享问题。目前该平台实现了全部视频资源的自由切换调阅以及对外共享应用，已面向 20 家基层业务部门提供视频共享服务。

本书主要针对视频资源利用程度低、图像内容提取程度不足的问题展开论述。

1.3 主要内容与篇章结构

本书以视频图像内容应用为视角，针对视频资源利用程度低，图像内容提取程度不足的问题，围绕视频图像处理技术及其在交通领域的应用两大方面展开。

第 2 章介绍了视频图像处理技术的基本概念，包括视频图像的基本概念、常用的视频滤波技术和视频图像运动目标检测技术。

第 3 章介绍了视频监控在交通行业的应用和发展，针对交通行业不同领域，对视频监控的类型分场景进行了详细介绍。

第 4 章重点围绕监控客流运行状态的视频图像，全面深入地介绍了行人视频检测技术的原理、方法及应用。

第 5 章重点围绕监控车辆运动状态的视频图像，全面深入地介绍了车辆视频检测技术的原理、方法和应用。

第2章　视频图像处理技术概述

2.1　视频图像的基本概念

视频图像可分为数字和模拟两大类。目前模拟视频图像已经很少使用，本书所讨论的视频图像都是数字视频图像。数字视频图像相对传统的模拟视频图像来说具有存储时间长、信号不失真和易于编辑处理等优点。

虽然视频和图像在严格意义上具有很大的区别，但是我们通常可以将图像理解为是静态的，而视频是一系列的图像构成的动态序列，所以，在本书的表述中，对于视频和图像两个概念除非有特殊需要，否则这两个概念就不严格区分，一般以视频为介绍对象。

数字视频是采用CCD（Charge Coupled Device）或者CMOS（Complementary Metal Oxide Semiconductor）传感器的数字摄像机获取得到的一连串图像序列。人眼在观察运动景物时，光信号通过眼睛传入大脑神经，需经过一段短暂的时间，即使光的作用结束后，视觉形象并不立即消失，这种残留的视觉现象则被称为“视觉暂留”。数字视频利用人眼的视觉暂留机制，通过在1s内快速刷新图像来产生连续的视觉效果。视频中的每一帧图像与静态图像是类似的，其基本单元都由像素单元组成。视频相对静态图像的一个最明显区别是增加了时间维度，可以观察到场景中物体的连续运动变化。由于这些序列图像之间存在时间和空间的关联关系，视频图像在信号的采集、存储、传输和处理上都需要考虑较高的复杂性。本章将简要介绍视频图像的一些基本概念，包括视频的表达、帧率、空间分辨率和采样率、扫描方式、码率、色彩模型以及视频格式等。

2.1.1　视频表达

数字视频是通过数字摄像机中的感光元器件(如 CCD 和 CMOS)将光信号转变成电信号,再通过 A/D 转换电路将模拟电信号转换成数字信号,最后由专用芯片,如 DSP(Digital Signal Processor)进行滤波和处理,得到我们所看到的动态画面。如果用函数 $f(x,y)$ 表示图像,其中 (x,y) 表示图像像素的二维坐标。考虑视频是对图像的时间拓展,可以用函数 $f(x,y,t)$ 来表示视频,它反映了视频是依赖于时间的变化图像序列这一特点。

2.1.1.1　黑白图像表达

为了从量化的角度来理解上述函数,针对常见的图像灰度级,$f(x,y)$ 的取值范围如下所示。

$$f(x,y)=\begin{cases} z, & z=0,1 \quad (\text{二值图像}) \\ z, & 0 \leqslant z \leqslant 255 \quad (\text{灰度图像}) \\ f, & 0.0 \leqslant f \leqslant 1.0 \quad (\text{浮点图像}) \end{cases} \tag{2-1}$$

式中,z 表示整数;f 表示浮点数。

黑白视频截图如图 2-1 所示。

图 2-1　黑白视频截图

2.1.1.2　彩色图像表达

彩色图像相对于灰度图像的区别是每一个像素单元 $f(x,y)$ 是一个多维的向量,而不是一个标量。这个像素向量的表达取决于采用的色彩模型。色彩模型又称为色彩空间,是使用一组值(3 个或 4 个)来表示颜色的数学模型。实现用通常可接受的方式来简化色彩规范,如常见的三原色模型(*RGB* 颜色空间),它是通过红、绿、蓝 3 种颜色亮度的变化以及它们相互之间的叠加来得到各种各样的颜色。采用 *RGB* 颜色空间的视频称为分量视频,因其数据量比较大,一般只在专业的视频设备中使用,实际中常用复合视频模型。彩色视频截图如图 2-2 所示。

图 2-2 彩色视频截图

复合视频模型,如现代彩色电视系统常用的 *YUV* 颜色模型,通常采用三管彩色摄像机或彩色 *CCD*(点耦合器件)摄像机得到 *RGB* 信号,再经过矩阵变换电路得到亮度信号 *Y* 和两个色差信号 *R-Y*、*B-Y*, 最后将亮度和色差三个信号分别进行编码。采用 *YUV* 色彩空间的重要性是它的亮度信号 *Y* 和色度信号 *U*、*V* 是分离的。如果只有 *Y* 信号分量而没有 *U*、*V* 分量, 那么所表示的图就是黑白灰度图。彩色电视采用 *YUV* 空间正是为了用亮度信号 *Y* 解决彩色电视机与黑白电视机的兼容问题,使黑白电视机也能接收彩色信号。

根据美国国家电视制式委员会 NTSC 制式的标准,当白光的亮度用 *Y* 表示时,色差 *U*、*V* 是由 *B-Y*、*R-Y* 按不同比例压缩而成的。由 *RGB* 模型到 *YUV*

模型的变换公式如下。

$$\begin{bmatrix} Y \\ U \\ V \end{bmatrix} = \begin{bmatrix} 0.299 & 0.587 & 0.114 \\ -0.147 & -0.289 & 0.436 \\ 0.615 & -0.515 & -0.100 \end{bmatrix} \begin{bmatrix} R \\ G \\ B \end{bmatrix} \tag{2-2}$$

如果要由 YUV 空间转化成 RGB 空间，只要进行相反的逆运算即可。反变换为：

$$\begin{bmatrix} R \\ G \\ B \end{bmatrix} = \begin{bmatrix} 1.000 & 0 & 1.140 \\ 1.000 & -0.395 & -0.581 \\ 1.000 & 2.032 & 0 \end{bmatrix} \begin{bmatrix} Y \\ U \\ V \end{bmatrix} \tag{2-3}$$

与 YUV 色彩空间类似的还有 Lab 色彩空间，它也是用亮度和色差来描述色彩分量，其中 L 为亮度、a 和 b 分别为各色差分量。

在 DVD 和数字电视等视频产品中常用到的色彩模型还有 YC_RC_B 模型，其中 Y 指的是亮度分量，C_R 指的是 RGB 红色分量与亮度的差值，C_B 指的是 RGB 蓝色分量与亮度的差值。亮度分量可通过 RGB 分量的某种组合来计算得到，如下所示。

$$Y = 0.299R + 0.587G + 0.114B \tag{2-4}$$

C_R 和 C_B 的计算如下：

$$C_R = 0.713(R - Y) + 128 \tag{2-5}$$

$$C_B = 0.564(B - Y) + 128 \tag{2-6}$$

所以，由 RGB 模型到 YC_RC_B 模型的变换可表示为：

$$\begin{bmatrix} Y \\ C_R \\ C_B \end{bmatrix} = \begin{bmatrix} 0.299 & 0.587 & 0.114 \\ 0.500 & -0.419 & -0.081 \\ -0.169 & -0.331 & 0.500 \end{bmatrix} \begin{bmatrix} R \\ G \\ B \end{bmatrix} + \begin{bmatrix} 0 \\ 128 \\ 128 \end{bmatrix} \tag{2-7}$$

其反变换为：

$$\begin{bmatrix} R \\ G \\ B \end{bmatrix} = \begin{bmatrix} 1.000 & 1.402 & 0 \\ 1.000 & -0.714 & -0.344 \\ 1.000 & 0 & 1.772 \end{bmatrix} \begin{bmatrix} Y \\ C_R - 128 \\ C_B - 128 \end{bmatrix} \tag{2-8}$$

除了上述的 YC_RC_B 模型外，常见还有一种 YIQ 模型，主要用于 NTSC 制式（由美国开发，用于美国和日本等国）。YIQ 模型中的 I 和 Q 指的是色调，描述图像的色彩和饱和度属性，分别是 U 和 V 分量旋转 33° 后的结果，而 Y 仍然是指亮度分量。I 和 Q 分量都包含颜色信息，其中 I 分量代表从橙色到青色的颜色变化，而 Q 分量则代表从紫色到黄绿色的颜色变化。由 RGB 模型得到 YIQ 模型的变换公式如下。

$$\begin{bmatrix} Y \\ I \\ Q \end{bmatrix} = \begin{bmatrix} 0.299 & 0.587 & 0.114 \\ 0.596 & -0.275 & -0.321 \\ 0.212 & -0.523 & 0.311 \end{bmatrix} \begin{bmatrix} R \\ G \\ B \end{bmatrix} \tag{2-9}$$

反变换为：

$$\begin{bmatrix} R \\ G \\ B \end{bmatrix} = \begin{bmatrix} 1.000 & 0.956 & 0.620 \\ 1.000 & -0.272 & -0.647 \\ 1.000 & -1.108 & 1.700 \end{bmatrix} \begin{bmatrix} Y \\ I \\ Q \end{bmatrix} \tag{2-10}$$

2.1.2 视频帧率

视频帧率（Frame Rate）指的是每秒显示的视频帧数（Frame per Second，FPS）。由于人眼的特殊生理结构，当所看到的画面的帧率高于每秒约 10 ~ 12 帧时，就会认为是连续的。正是利用了这种生理特性，电影通过一帧帧连续拍摄图像，然后再快速播放，从而产生连续的动态图像。

目前，常见的电视帧率为 25FPS，而电影的帧率为 24FPS 和 30FPS 等。高帧率的视频，所看到的画面流畅逼真。但是，当帧率达到一定数值之后，如 75FPS，就不容易感觉到有明显的流畅度提升。而且由于屏幕的更新频率是固定的，通常为 60Hz，当帧率太高，导致两者不同步时就会造成画面错位。

一般应用中普遍采用 25FPS，一方面，这已经满足了人们观看的需要，另外一方面，采用低 FPS，可以降低视频数据量，从而减轻数据存储、传输及处理的要求。尤其在交通视频处理中，由于我们所关心的车辆运动信息可以在较低的 FPS 下获得，适当降低视频的 FPS，既可以获得需要的运动信息，也可以大大降低视频处理的计算量。图 2-3 显示一组交通监控视频中连续 12 帧图像画面，可以看出，相邻帧间图像画面的差异非常小。这也从另外一个方面说明了视频帧间图像的数据冗余度非常高，实际处理中可以对数据进行一定的压缩。

a)　b)　c)　d)　e)　f)　g)　h)　i)　j)　k)　l)

图 2-3　连续 12 帧交通监控视频图像(左上角为第一帧，按从左到右、从上到下顺序读图)

2.1.3　空间分辨率

空间分辨率指的是图像中目标每单位长度所包含的像素或点的数目，常用像素每英寸(pixels per inch,ppi)为单位来表示。分辨率越高,图像越清晰。在日常应用中,人们通常说的分辨率指图像的高与宽像素值,如 320×180,但严格意义上来说,这不是分辨率的定义。按照定义,分辨率不仅与像素值有关,而且与拍摄取景范围有关。取景窗口小时,ppi 值较高,看起来清晰;取景窗口放大时,如果是视频的高/宽像素值不变,那么有效像素 ppi 值下降,图像就模糊了。如图 2-4 所示,左边图像和右边图像的像素值都是 3 264×2 448,而且都已经对焦成功,但右图的清晰度明显低于左图,就是由于取景范围不一样而造成的 ppi 比左图低。

a)

b)

图 2-4 同样像素值但清晰度不同的图像(由于取景范围不一样,清晰度不一样)

在一般场合中,我们习惯上说分辨率是指图像的高/宽像素值,例如在数字图像处理过程中,对一幅大小为 $m \times n$ 的图像,通常将其空间分辨率记为 $m \times n$ 像素,如 VGA 的分辨率为 640×480 像素,SVGA 为 800×600 像素,而 HDMI 可以达到 1 920×1 200 像素甚至更高。

CIF(Common Intermediate Format)是常用的标准化图像格式。在 H.323 协议中,规定了视频采集设备的标准采集分辨率为 CIF=352×288 像素。另外 QCIF(Quarter Common Intermediate Format)也是常用的标准化图像格式。在 H.323 中,规定 QCIF=176×144 像素。一般电视图像的空间分辨率和家用录像系统的分辨率采用 352×288 像素。但是随着现在高清摄像及电视的发展,更高分辨率的系统已开始普及推广。

2.1.4　空间采样率

空间采样率又称为空间采样格式,指的是对亮度信号和色差信号的空间采样形式。当亮度信号 Y 和色差信号 C_R 和 C_B 的采样率相同时,这种采样格式称为 4:4:4 格式,它可以满足高分辨率的应用需求。

而日常生活中,常用到的格式是 4:2:2,即 4 个 Y 信号对应 2 个 C_R 和 2 个 C_B 信号。比这种格式数量级更低的格式是 4:1:1 和 4:2:0。4:1:1 格式是指 4 个 Y 信号对应 1 个 C_R 和 1 个 C_B 信号,而 4:2:0 格式指的是 4 个 Y 信号对应 2 个 C_R 信号或者 2 个 C_B 信号,而且 C_R 和 C_B 是隔行传输的,每一行只传送两种色差信号 C_R 和 C_B 中的一种。图 2-5 为以上 4 种采样格式的对应关系。

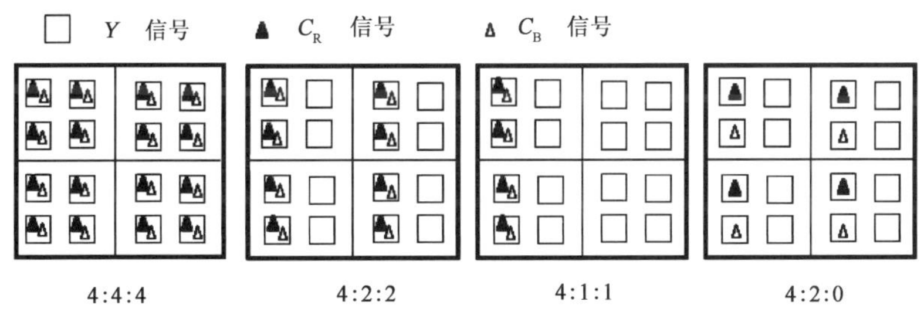

图 2-5　种空间采样格式

采用上述格式可以有效地在图像质量和图像数据量之间达到平衡,例如常用的 YC_BC_R 4:1:1 格式。图像每个点保存一个 8bits 的亮度值 Y,每 2×2 个点保存一个 C_R 和 C_B 值。这样处理后,我们对图像的质量感觉不到太大的变化。而对于 RGB(R,G,B 都用 8bits)模型,1 个像素点需要 $8\times3=24$bits。采用 4:1:1 采样后,平均每个像素仅需要 $8+(8/4)+(8/4)=12$bits,图像的数据自然压缩了一半。在实际数据存储中,采样数据的存储形式有可能是不同的,下面介绍几种常见的存储形式:

(1)*YUV* 4:4:4 :YUV 三个信道的采样率相同,每个像素的三个分量信息完整,每个像素占用 3 个字节,如[Y0 U0 V0][Y1 U1 V1][Y2 U2 V2]

[Y3 U3 V3],存放的码流为:Y0 U0 V0 Y1 U1 V1 Y2 U2 V2 Y3 U3 V3。

(2)*YUV* 4:2:2 :每个色差信道的采样率是亮度信道的一半,对非压缩的8bits 量化的图像来说,存放的码流为:Y0 U0 Y1 V1 Y2 U2 Y3 V3。

(3)*YUV* 4:1:1 :4:1:1 的色度抽样,是在水平方向上对色度进行4:1抽样。对于低端用户和消费类产品,此存储形式仍可被接受。对非压缩的8bits 量化的视频来说,存放的码流为:Y0 U0 Y1 Y2 V2 Y3。

(4)*YUV* 4:2:0 :4:2:0 并不意味着只有 Y、C_B,而没有 C_R 分量。它指的是对每行扫描线来说,只有一种色度分量以2:1 的抽样率存储。相邻的扫描行存储不同的色度分量,也就是说,如果一行是 4:2:0 的话,下一行就是 4:0:2,再下一行是 4:2:0……以此类推。对每个色度分量来说,水平方向和竖直方向的抽样率都是 2:1,所以可以说色度的抽样率是 4:1。对非压缩的8bits 量化的视频来说,8 个像素[Y0 U0 V0][Y1 U1 V1][Y2 U2 V2][Y3 U3 V3][Y5 U5 V5][Y6 U6 V6][Y7 U7 V7][Y8 U8 V8]的存储码流为:Y0 U0 Y1 Y2 U2 Y3 Y5 V5 Y6 Y7 V7 Y8。

2.1.5 视频扫描方式

视频在显示的时候主要采用两种扫描方式:隔行扫描和逐行扫描。隔行扫描源于早期的模拟电视广播技术,将每帧图像分为奇数行和偶数行两个场,首先扫描所有的奇数行,然后再扫描偶数行,扫描的顺序都是由上往下进行的。由于人眼的视觉暂留效应,人眼观察到的是完整的而不是闪烁的半帧图像。这种扫描方式使得两帧图像的时间间隔拉大,容易产生闪烁现象。逐行扫描是一种更先进的扫描方式,它以帧为单位,从左上角到右下角逐行扫描,整个图像扫描一次完成。因此逐行扫描的图像画面闪烁小,显示效果更好。在标准显示模式中,i 表示隔行扫描,p 表示逐行扫描,如常见的 720p 和 1 080p 视频就是使用逐行扫描的方式来进行显示的。

2.1.6 视频编码格式和码率

视频码率又称为视频比特率,指的是单位时间内的数据位数(存储、传输）,常用的单位为 kbps,即千比特每秒。一般而言,图像的码率越高,精度就越高,处理出来的文件越接近原始文件。在视频编解码中,人们更关注的是如何使用最低的码率达到最少的失真。围绕这个核心衍生出两种编码方法,一种是固定码率（Constant Bitrate Rate, CBR）,另一种是动态码率（Variable Bitrate Rate,VBR）。

固定码率指的是视频文件从头到尾都是采用一种常数码率,而动态码率是根据视频的具体内容而改变的,即根据视频数据确定使用何种码率,它是以质量为前提兼顾文件大小的编码模式。一般而言,采用固定码率压缩出来的文件尺寸较大,而且解码质量上不会比动态码率方式有明显的提高。

实际中可以采用对视频进行压缩编码降低码率。所谓视频编码方式就是指通过特定的压缩技术,将某个视频格式流转换成另一种视频格式流的方式。视频流传输中最为重要的编解码标准有国际电联的 H. 261、H. 263 和 H. 264,运动静止图像专家组的 M-JPEG 和国际标准化组织运动图像专家组的 MPEG 系列标准,此外,在互联网上被广泛应用的还有 Real-Networks 的 RealVideo、微软公司的 WMV 以及 Apple 公司的 QuickTime 等。

视频压缩有很多种方法,而且一般压缩和解压的方法复杂度比较高。在实际工程应用中,我们常常需要在视频处理前,对视频流进行解码,或者进行编码格式变换。尤其在交通和公共安全应用中,各类系统采用的视频格式非常复杂,合理设计视频格式的转换操作是一项非常重要的工作。

根据常用的本地影像视频和网络流媒体影像视频两大类型格式,下面介绍一些常见的视频格式的性质。主要分为本地视频和网络流媒体视频两大类。

2.1.6.1 本地视频

（1）AVI 格式:英文全称为 Audio Video Interleaved,于 1992 年被微软公司推出,可以将音频和视频交织在一起进行同步播放。优点是图像质量好,支持跨平台使用,缺点是体积过于庞大,压缩标准不统一。

(2)nAVI 格式:ShadowRealm 发起的一种新视频格式,与上述 AVI 没有太大联系,由 Microsoft ASF 压缩算法修改而来,以牺牲原有 ASF 视频“流”特性为代价,通过增加帧率来大幅提高视频的清晰度。

(3)DV-AVI 格式:由索尼、松下等厂商提出的家用数字视频格式,非常流行的数码摄像机就是采用这种格式记录视频数据的,文件扩展名一般为“.avi”。

(4)MPEG 格式:英文全称为 Moving Picture Experts Group,是运动图像压缩算法的国际标准,采用有损压缩来减少运动图像中的冗余信息,目前常用的压缩标准为 MPEG-1,MPEG-2 和 MPEG-4。

(5)MPEG-1:于 1992 年制定,针对 1.5Mbps 以下数据传输率的数字存储媒体运动图像及其伴音编码而设计的国际标准,常用于 VCD 的制作。

(6)MPEG-2:于 1994 年制定,是为高级工业标准的图像质量以及更高传输率而设计的标准,主要应用在 DVD/SVCD 的制作。

(7)MPEG-4:于 1998 年制定,是为播放流式媒体的高质量视频而专门设计的标准,利用很窄的带宽,通过帧重建技术压缩和传输数据,使用最少的数据即可获得最佳的图像质量。

(8)DivX 格式:使用 DivX 压缩技术对 DVD 视频进行高质量压缩,同时用 MP3 或 AC3 技术对音频压缩,最后将视音频合成并加上外挂字幕而成。

(9)MOV 格式:Apple 公司开发的视频格式,具有较高的压缩比例和较完美的视频清晰度等特点,最大的特点是支持跨平台。

2.1.6.2 网络流媒体视频

(1)ASF 格式:英文全称 Advanced Streaming Format,使用了 MPEG-4 压缩算法,压缩率和图像质量都不错。

(2)WMV 格式:英文全称 Windows Media Video,微软推出的一种采用独立编码方式的视频格式,可以实现网上实时观看视频节目。

(3)RM 格式:全称 Real Media,是 Real Networks 公司推出的音视频压缩

规范,可以根据不同的网络传输速率制定出不同的压缩比率,从而实现在较低速率的网络上也能进行视频数据的实时传送和播放。

(4)RMVB 格式:RM 视频格式的升级版,它打破了原来的 RM 格式,采用平均压缩采样的方式,对静止和运动场面少的场景采用较低的编码速率,将更多的带宽空间留给快速运动的画面场景。从而在保证了静止画面质量的前提下,大幅提高了运动图像的画面质量。

2.2　常用视频滤波技术介绍

在视频的实际应用中,通常需要对视频进行滤波处理。对一幅静态图像的滤波处理,通常利用空域信息进行。视频图像的滤波处理,除了可以利用空域信息外,还可以利用时间上的运动信息来进行时空域上的联合滤波处理。时空域滤波不仅利用了帧内的空间信息,而且还可以充分利用帧间的时间相关信息。因此,视频图像的时空联合滤波处理比静态图像的空域滤波处理有了更多的信息可以利用,可以实现更好的效果,但是视频滤波也相对更加复杂。本节将对常见的视频滤波方式,基于运动检测的滤波和基于运动补偿的滤波这两大类技术做一基本介绍。

2.2.1　基于运动检测的滤波

基于运动检测的滤波是指在滤波的过程中综合考虑视频的运动信息,通过运动的检测,区分静止和运动两种状态,从而有针对性地实现对视频的滤波。通常来说,基于运动检测的滤波又可以分为帧间均值滤波和利用运动检测信息的滤波。

2.2.1.1　帧间均值滤波

帧间均值滤波是采用帧平均技术,将同一像素点在不同帧间的多个样本进行平均处理,从而得到当前像素点的最终数值。帧间均值滤波能够在不改变图像空间分辨率的前提下有效地消除噪声的影响,对于随机加性高斯白噪声，对连续 N 帧视频图像进行平均，可将信噪比提高 N 倍。

原则上，使用帧间均值滤波可以避免空域滤波器所造成的图像模糊，但由于视频中运动信息的存在，单纯使用不同帧同一位置的多个样本进行均值处理也会导致时域上的模糊，出现运动边缘模糊的情况。因此，简单的帧间均值滤波只适用在场景静止的情况。一种改进的措施是结合运动检测来进行帧平均处理。首先，根据相邻帧间的运动信息来检测出运动的方向，然后在该方向上对不同帧间对应的像素点进行均值滤波处理，而不是针对固定的位置点，这相当于滤波操作是沿着运动方向进行的。对于运动趋势的判断，可以通过最小均方误差估计的方法来实现。该方法能够有效地避免运动边缘模糊，在运动方向上取得良好的滤波效果，因此是一种有效的视频滤波手段。

2.2.1.2 利用运动检测信息滤波

常见的视频滤波器还包括有限冲激响应(FIR)滤波器和无限冲激响应(IIR)滤波器。这两类滤波器的设计可以借助视频中的运动检测技术来实现。在实际中，我们可以采用它们最为简单的一阶形式进行处理。一阶形式的 FIR 滤波器为：

$$\hat{f}(x,y,t) = (1-\beta)g(x,y,t) + \beta\, g(x,y,t-1) \tag{2-11}$$

一阶形式的 IIR 滤波器为：

$$\hat{f}(x,y,t) = (1-\beta)g(x,y,t) + \beta\hat{f}(x,y,t-1) \tag{2-12}$$

式中，$g(x,y,t)$ 表示输入图像序列的亮度；$\hat{f}(x,y,t)$ 为滤波器的输出，表示估计的像素点的亮度值，其中参数 β 可以取值为：

$$\beta = \max\left\{0, 0.5 - \alpha\left|g(x,y,t) - g(x,y,t-1)\right|\right\} \tag{2-13}$$

式中，α 是一个标量常数。当运动幅度很大时，可以通过 $\beta = 0$ 来避免产生人为的误差。

FIR 滤波器的输出仅取决于当前和过去的输入信号值，其冲激响应在有

限时间内衰减为零;而 IIR 滤波器的输出不仅取决于当前和过去的输入信号值,也取决于过去的信号输出值,其冲激响应理论上应该为无限持续的。在噪声处理能力方面,FIR 滤波器只能处理有限的噪声,适用于时域滤波且参与滤波的帧数不多的情况,而 IIR 滤波器具有更强的噪声处理能力。

2.2.2　基于运动补偿的滤波

与基于运动检测的滤波技术不同,运动补偿的滤波需要借助于帧间像素点的运动轨迹来进行滤波处理。运动补偿的基本假设是像素点沿着一个确定的运动轨迹运动时,它的亮度始终保持不变。下面将对运动轨迹的数学描述以及几种常见的运动补偿滤波器进行介绍。

2.2.2.1　运动轨迹描述

场景中物体的三维运动反映到图像中则是二维像素点的运动,这种运动通常既包括目标的自身运动,也包括由摄像机所引起的全局运动。在视频图像序列中,像素点沿时间轴所走过的空间曲线称为运动轨迹,可以用一个矢量函数 $P(t;x,y,t_0)$ 来描述,它表示了 t_0 时刻像素点 (x,y) 在 t 时刻的水平和垂直坐标。如图 2-6 所示,箭头所指方向为像素点在帧间的运动轨迹,其中,在 t_1 时刻有:$P(t_1;x,y,t_0) = (x_1,y_1)$ 。

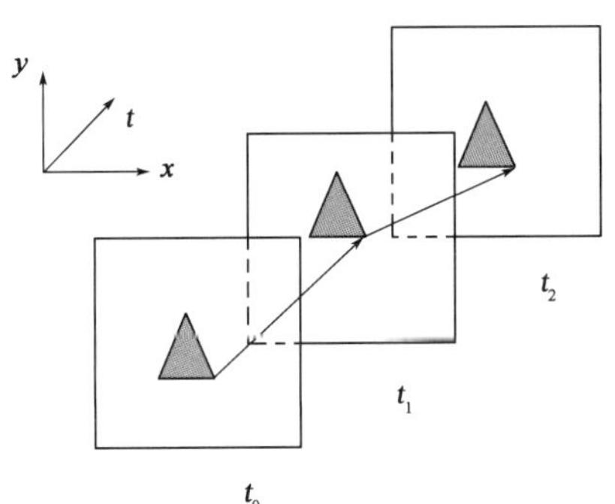

图 2-6　运动轨迹示意图

上述矢量函数只描述了运动点的位置信息,而在实际应用中,需要对速度的大小和方向作进一步分析。设图像序列中点的运动轨迹为 $P(t;x,y,t_0)$,则在 t'

时刻像素点 (x',y') 处的速度定义为：

$$s(x',y',t') = \frac{\mathrm{d}P}{\mathrm{d}t}(t;x,y,t_0)\bigg|_{t=t'} \tag{2-14}$$

记 s_x 和 s_y 分别为速度 s 在 x 轴和 y 轴上的分量，则速度的方向为：

$$\theta = \arcsin\left(\frac{s_y}{\sqrt{s_x^2 + s_y^2}}\right) \tag{2-15}$$

考虑到场景中的运动规律有多种多样，如匀速运动、匀加速运动和变加速运动等，为方便分析，现只对全局匀速运动的情况进行讨论。当视频图像中的像素点做匀速运动时，帧间的亮度变化可表示为：

$$f_P(x,y,t) = f_P(x - s_x t, y - s_y t, 0) = f_0(x - s_x t, y - s_y t) \tag{2-16}$$

式中，选择 $t_0 = 0$ 时的参考帧；$f_0(x,y)$ 表示参考帧内的亮度分布。由这个运动模型的性质可以看到，从参考帧可以确定后继帧的亮度分布，因此，在实际的应用中通常使用这个模型。

2.2.2.2 运动轨迹滤波器

由前面的讨论可以知道，时域滤波能够有效地抑制静态图像序列的噪声、提高信噪比，但对于图像序列中有运动发生的情况，该技术会造成运动边缘模糊，从而使图像质量变差。一种改进的措施是引入运动轨迹处理，将轨迹上每一帧图像的对应像素点进行滤波，这种技术称为运动轨迹滤波。考虑任意的运动模型，定义滤波器的输出为：

$$g(x,y,t) = F\left\{f_1[q;P(q;x,y,t)]\right\} \tag{2-17}$$

式中，$f_1[q;P(q;x,y,t)] = f_P[P(q;x,y,t),q] = f_P(x_q,y_q,q)$，其表示过 (x,y,t) 的运动轨迹在输入图像中的一维信号，F 表示沿运动轨迹的一维滤波器。

对于视频图像中运动轨迹为匀速运动的情况，上述滤波器可以表示为：

$$g(x,y,t) = \iiint h_1(q)\delta(z_1 - s_x q, z_2 - s_y q) f_P(x - z_1, y - z_2, t - q)\,\mathrm{d}z_1\mathrm{d}z_2\mathrm{d}q$$

$$= \int h_1(q) f_P(x - s_x q, y - s_y q, t - q) \mathrm{d}q$$

$$= \int h_1(q) f_1(t - q; x, y, t) \mathrm{d}q \tag{2-18}$$

式中，$h_1(q)$ 为运动轨迹所使用的一维滤波器的冲激响应；$\delta(x)$ 为冲激函数。

式(2-28)的冲激响应也可表示为：$h(x,y,t) = h_1(t)\delta(x - s_x t, y - s_y t)$ 。

2.2.2.3 运动补偿滤波器

在获取视频图像过程中，往往由于所在环境的变化（如光照等）以及自身传感器的质量限制，会产生大量的噪声干扰。因此，沿着运动轨迹的像素亮度是会发生变化的。考虑简单的加性噪声模型（零均值的情况），记含有噪声的图像序列为 $g(x,y,t)$ ，原始图像为 $f(x,y,t)$ ，噪声为 $n(x,y,t)$ ，则它们的关系如下：

$$g(x,y,t) = f(x,y,t) + n(x,y,t) \tag{2-19}$$

对 N 帧图像进行叠加平均，可以得到均值图像为：

$$\bar{g}(x,y,t) = \frac{1}{N}\sum_{i=1}^{N} g_i(x,y,t) \tag{2-20}$$

假设图像序列中像素点 (x,y,t) 处的噪声 $n(x,y,t)$ ，其与时间是不相关的，且均值为零，则可以得到平均图像的期望为：$E\{\bar{g}(x,y,t)\} = f(x,y,t)$ 。为了消除不同的噪声影响，设计一个适当的运动补偿滤波器是非常重要的。下面介绍两种基本的设计方式。

1）自适应线性最小均方误差滤波

线性最小均方误差滤波器是通过最小化误差信号（实际信号与理想信号之差）来修正滤波器系数的一种自适应滤波器，它使用了随机梯度下降法来达到系数的修正。在含有噪声的视频图像序列中，像素点 (x,y,t) 处的亮度估计值为：

$$\hat{f}(x,y,t)=\frac{\sigma_f^2(x,y,t)}{\sigma_f^2(x,y,t)+\sigma_n^2(x,y,t)}[g(x,y,t)-\mu_g(x,y,t)]+\mu_f(x,y,t) \tag{2-21}$$

式中，$g(x,y,t)$ 为输入图像；$f(x,y,t)$ 为理想图像；$\mu_f(x,y,t)$ 和 $\mu_g(x,y,t)$ 分别代表图像 $f(x,y,t)$ 和 $g(x,y,t)$ 的均值；$\sigma_f^2(x,y,t)$ 和 $\sigma_n^2(x,y,t)$ 分别代表图像序列 $f(x,y,t)$ 和噪声的方差。对于均值为0的加性噪声模型，可以得到：$\mu_f(x,y,t)=\mu_g(x,y,t)$，所以式(2-21)又可以写为：

$$\hat{f}(x,y,t)=\frac{\sigma_f^2(x,y,t)}{\sigma_f^2(x,y,t)+\sigma_n^2(x,y,t)}g(x,y,t)+\frac{\sigma_n^2(x,y,t)}{\sigma_f^2(x,y,t)+\sigma_n^2(x,y,t)}\mu_g(x,y,t) \tag{2-22}$$

由上式可以看出，当理想图像的方差远远大于噪声方差时，即 $\sigma_f^2(x,y,t)>\sigma_n^2(x,y,t)$，滤波器的输出将逼近噪声图像，而且此时噪声对图像的干扰是可以忽略的。当理想图像的方差远远小于噪声方差时，即 $\sigma_f^2(x,y,t)<\sigma_n^2(x,y,t)$，滤波器的输出将逼近噪声图像的均值，此时噪声对图像的干扰是很严重的，图像变得极其模糊。

2）自适应加权平均滤波

自适应加权平均滤波是指在时空域上沿运动轨迹来计算视频图像的加权平均值，最后用该值作为滤波图像的输出。权重的选取是根据运动轨迹估计的准确性以及轨迹的空间均匀性来确定的。当运动估计足够准确以及空间分布较均匀时，权重趋向一致；而当时空中一个像素的值与要滤波像素的值之间的差别大于设定的阈值时，它的权重系数将会下降，而增强其他像素的权重影响。这一点与空域中高斯模糊的思路是类似的。

自适应加权平均滤波器的输出可以定义为：

$$\hat{f}(x,y,t)=\sum_{(i,j,k)\in(x,y,t)}w(i,j,k)g(i,j,k) \tag{2-23}$$

式中，$w(i,j,k)$ 为权重，由以下公式来计算：

$$w(i,j,k) = \frac{K(x,y,t)}{1+\alpha\max\left\{\varepsilon^2,[g(x,y,t)-g(i,j,k)1]^2\right\}} \quad (2\text{-}24)$$

$K(x,y,t)$ 是归一化常数,计算公式为:

$$K(x,y,t) = \left\{\sum_{(i,j,k)\in(x,y,t)} \frac{1}{1+\alpha\max\left\{\varepsilon^2,[g(x,y,t)-g(i,j,k)1]^2\right\}}\right\}^{-1} \quad (2\text{-}25)$$

式中,α 和 ε 为滤波器的参数。

2.3　视频图像运动目标检测技术

视频是静图像在时间维度上的拓展,同一个物体在连续图像上的空间信息,从视频中能够提取出丰富的运动信息。人们直观感受到的视频中的运动主要有两类:一类是视频中的物体在运动,如人、车辆等物体的运动;另一类是视频中场景的运动,如静止的树、建筑物等慢慢离开人的视野以及由小变大或者由大变小的缩放运动。这两类运动分别对应着视频图像处理中的前景(目标)和背景。前景运动也称为局部运动,指的是场景中目标的自身运动;而背景运动又称为全局运动,是由摄像机的运动所造成的。

上述两类运动由于研究的对象不同,因此在视频处理技术方面也具有不同特点。前景运动涉及的目标种类和数量都较多,而且目标运动的规律并不一致,因此,这类运动通常较复杂。而背景运动由于是摄像机造成的图像整体运动,规律比较一致,因此可以通过建立摄像机模型来研究。实际应用中,视频中的运动信息也可能是由局部运动和全局运动共同造成的,因此要研究视频中运动物体在实际场景中的速度时,需要同时考虑局部运动和全局运动所带来的影响。

人眼可以很容易地察觉到视频图像中的运动变化,而对于计算机系统来说,在理解这些场景的变化时,不仅要对运动进行检测,确定运动是否发生,而且还需要对运动的状态,包括速度和方向等,进行检测。人的视觉系统擅长于相对运动的判断,对于较精确的运动,如精确确定物体某些部位移动多少距离,相对检测能力较弱。反之,计算机系统则擅长于精确的计算。目前,视频中的运动检测可以归结为:基于图像帧差法的运动检测、基于摄像机模型的运动检测和基于光流法的运动检测。下面将对这三种技术做详细的讨论。

2.3.1 基于图像帧差法的运动检测

图像帧差法是通过视频中前后两帧图像的逐像素比较,得到差值图像,从而检测出视频中的运动信息的。这种运动检测方法较简单,实用性较好。下面介绍两种方法:帧间差分法和三帧差分法。

2.3.1.1 帧间差分法

帧间差分法是通过视频中相邻两帧图像作差值运算得到运动信息的。首先,将两帧图像相减得到差分图像,然后对差分图像进行二值化处理,将差值的绝对值与事先设定的阈值进行比较,当绝对值大于阈值时,可以认为该位置的像素发生了运动,反之,则可以认为该位置为背景像素。需要注意的是,当绝对值小于阈值时,也有可能是运动物体本身造成的,这是因为当运动物体的表面颜色分布较一致时,由于相邻两帧间的时间间隔很少,导致了同一物体不同位置的像素点差值不大,但是该位置的点还是发生了运动。

记时刻 t_i 和 t_{i+1} 采集到的两帧图像分别为$f(x,y,t_i)$ 和$f(x,y,t_{i+1})$,设定的阈值为 T ,则最后得到的差图像 $d(x,y)$ 可表示为:

$$d(x,y) = \begin{cases} 1, & |f(x,y,t_{i+1}) - f(x,y,t_i)| > T \\ 0, & \text{其他} \end{cases} \tag{2-26}$$

式中,阈值 T 的设定常常需要人工反复测试才能得到较好的值,特别是在场景中光照条件不一致的情况下,阈值的选取更需要反复测试才能得到一个较好的折中值。除了选取阈值外,还可以通过选用如下方法来判别两帧图像灰度的差异显著性。

$$\frac{\left[\frac{\sigma_i+\sigma_j}{2}+\left(\frac{\mu_i-\mu_j}{2}\right)^2\right]^2}{\sigma_i\sigma_j}>T_s \tag{2-27}$$

式中,各 μ_i 和 μ_j 分别代表在时刻 t_i 和 t_j 采集到的两幅图像的均值和方差;σ_i 与 σ_j 代表在时刻 t_i 和 t_j 采集到的两幅图像的方差; T_s 为显著性阈值。

实际中,由于场景的光照会随着时间发生变化或者受人为打光的干扰以及其他噪声因素的影响等,原来没有发生运动的像素点也会出现差值不为0的情况。在这种情况下,需要适当增大阈值把噪声的影响和像素的运动区分开来。但这也会造成运动区域变小,导致运动物体内部出现更大"空洞"的情况,为了将运动物体提取出来,后期还需要进行形态学等相应处理。

2.3.1.2　三帧差分法

使用帧间差分法容易导致检测到的运动物体的轮廓变大,从而影响到目标的精确定位,为了克服这一缺点,研究人员又提出了三帧差分法这一改进措施。图2-7为三帧差分法的示意图。

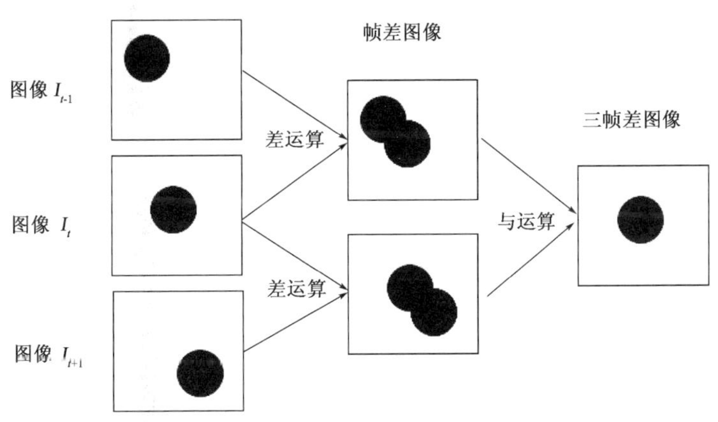

图2-7　三帧差分法示意图

该方法首先获取三帧图像 I_{t-1} 、I_t 和 I_{t+1} ,然后按照帧间差分法计算得到相邻两帧的差分图像,最后再对得到的差图像进行"与"运算得到最后的运动图像。记差分图像分别为 $d_{(t,t-1)}(x,y)$ 和 $d_{(t+1,t)}(x,y)$,最后得到的三帧

差图像为 $d_t(x,y)$，则可以用如下公式表示。

$$d_{(t,t-1)}(x,y)=\begin{cases}1, & |f(x,y,t)-f(x,y,t-1)|>T \\ 0, & \text{其他}\end{cases} \tag{2-28}$$

$$d_{(t+1,t)}(x,y)=\begin{cases}1, & |f(x,y,t+1)-f(x,y,t)|>T \\ 0, & \text{其他}\end{cases} \tag{2-29}$$

$$d_t(x,y)=\begin{cases}1, & \text{若} \quad d_{(t,t-1)}(x,y)\&\&d_{(t+1,t)}(x,y)=1 \\ 0, & \text{其他}\end{cases} \tag{2-30}$$

三帧差分法由于增加了一帧图像的差分运算以及与运算，计算量有所增加，但是相对帧间差分法，其运动检测的精度有了很大的提高。

2.3.2 基于摄像机模型的运动检测

由前面描述可知，视频中的运动可以分为局部运动和全局运动两类。全局运动是由摄像机的运动引起的，具有很好的规律性，下面将主要讨论基于摄像机模型的全局运动检测。

简单来说，全局运动检测就是要找到摄像机运动所造成的视频图像的运动规律。结合摄像机的成像原理，从三维空间到二维图像的映射规律中，可以找到一组摄像机模型参数来表示具体的运动规律。在对模型参数的估计过程中，需要选取帧图像中的稳定特征点，通过匹配算法（如块匹配等），建立相应特征点的联立方程，从而求出具体的模型参数，最终得到视频图像的全局运动矢量。

实际应用中，摄像机的运动可以分为3类：平移、旋转和缩放。而针对这几种不同的运动类型组合，常见的摄像机参数模型又可以分为四参数仿射模型、六参数仿射模型和八参数双线性模型等三种。

2.3.2.1 四参数仿射模型

假设场景中的目标是静止的，视频中的运动都是由摄像机运动所引起。以摄像机中心为原点建立参考坐标系 $O\text{-}XYZ$，记摄像机在三维空间中的六个自由度分别为：T_X、T_Y、T_Z和α、β、γ，前三个分量代表摄像机沿三个坐标轴的平移量，后三个量分别代表绕三个坐标轴的旋转角。为了简化计算，现只考虑沿Z轴方向旋转的情况，则旋转矩阵R可以简化如下：

$$R=\begin{bmatrix}\cos\gamma & -\sin\gamma & 0\\ \sin\gamma & \cos\gamma & 0\\ 0 & 0 & 1\end{bmatrix} \tag{2-31}$$

由旋转平移的变换关系可以得到摄像机运动后的坐标公式为：

$$\begin{bmatrix}X'\\ Y'\\ Z'\end{bmatrix}=R\begin{bmatrix}X\\ Y\\ Z\end{bmatrix}+\begin{bmatrix}T_X\\ T_Y\\ T_Z\end{bmatrix} \tag{2-32}$$

又由针孔成像关系可以得到图像坐标(x,y)与世界坐标(X,Y,Z)的关系为：

$$\begin{cases}x=f\dfrac{X}{Z}\\ y=f\dfrac{Y}{Z}\end{cases} \tag{2-33}$$

即由式(2-31)~式(2-33)可以得到：

$$\begin{cases}x'=f\dfrac{X\cos\gamma-Y\sin\gamma+T_X}{Z+T_Z}\\ y'=f\dfrac{Y\cos\gamma+X\sin\gamma+T_Y}{Z+T_Z}\end{cases} \tag{2-34}$$

最后简化得到：

$$\begin{cases}x'=ax-by+c\\ y'=bx+ay+d\end{cases} \tag{2-35}$$

式中，$a=\dfrac{f\cos\gamma}{1+T_Z/Z}$，$b=\dfrac{f\sin\gamma}{1+T_Z/Z}$，$c=\dfrac{fT_X/Z}{1+T_Z/Z}$，$d=\dfrac{fT_Y/Z}{1+T_Z/Z}$，$f$为摄像机的焦距。

2.3.2.2 六参数仿射模型

六参数仿射模型的数学描述如下:

$$\begin{cases} x' = a_1x + a_2y + a_3 \\ y' = a_4x + a_5y + a_6 \end{cases} \tag{2-36}$$

式中,$a_1 \sim a_4$ 是与旋转和缩放有关的参数;a_5 和 a_6 是与平移有关的参数。

从式(2-36)可以看出,只需要3个像素点的运动矢量即可求出式中的6个模型参数。但是这样得到的模型精度较低,为了提高精度,需要使用更多的像素点参与运算,最后再使用最小二乘法来得到一个统一的模型参数。

2.3.2.3 八参数双线性模型

以上讨论的两种模型都是线性的,都有其适用性和局限性,为了提高模型的描述能力,还需要对模型进行适当的扩展。在此,引入二次项 xy,得到八参数双线性模型如下:

$$\begin{cases} x' = a_1x + a_2y + a_3xy + a_4 \\ y' = a_5x + a_6y + a_7xy + a_8 \end{cases} \tag{2-37}$$

八参数双线性模型的计算复杂度和难度要比仿射模型大,但是其对图像中的运动估计的精度有较大的提升,因此在实际应用中也更常用。对模型中的参数估计,可以使用块匹配的思想,将图像划分为一个个小块,再计算其中的观测运动矢量。

2.3.3 基于光流法的运动检测

光流法最早可以追溯到20世纪50年代,Gibson 和 Wallach 等学者提出的SFM(Structure From Motion)假设,开创性地提出了从二维平面的光流场可以恢复出三维空间中的运动模型。但直到1981年,Horn 和 Schunck 创造性地将光流场和图像灰度结合起来,引入了光流约束方程,才奠定了光流法的发展基石。

光流，通常定义为视频图像中的亮度模式的表观运动，即空间物体表面上的点的运动在成像平面上的表达。从摄像机成像的角度思考，三维空间中物体的运动，反映到图像中的变化则是相应位置的亮度发生了改变，即空间中运动场到图像中光流场的转变。

光流法是研究视频图像运动信息的一种重要方法，它不仅包含目标的运动信息，如速度和方向等，而且还包含丰富的物理结构信息，可以方便地确定运动目标的形状，进行目标检测和分割等。基于光流的运动检测方法有很多，根据参与计算的像素点的数量多少，可以分为稀疏光流和稠密光流两大类。

2.3.3.1　稀疏光流

稀疏光流指的是使用一组点（如角点等）来进行光流的计算，因此，在使用该算法前常常需要使用特征点检测技术来提取图像的特征点信息或者人为地指定一组跟踪点。这种方法的计算量较稠密光流较少，而且由于使用了特征点来进行计算，运动跟踪的效果相对来说也更稳定可靠。目前最流行的稀疏跟踪方法是 LK（Lucas-Kanade）光流法，这种方法与图像金字塔结合，可以跟踪更快的运动。

LK 光流法是基于以下三个假设的：

（1）亮度恒定。场景中目标在逐帧跟踪时，表面像素的亮度是恒定的。

（2）时间连续或者运动是“小运动”。图像的运动随时间的变化比较缓慢，目标在帧间的运动比较少。

（3）空间一致。同一场景、同一目标表面上临近的点在图像上也是临近的，且具有相似的运动。

由上述假设条件中的前两个可以得到二维图像的光流约束方程为：

$$I_x u + I_y v + I_t = 0 \tag{2-38}$$

式中，I_x 和 I_y 分别表示亮度在图像上 x 和 y 方向的偏导；I_t 表示像素的亮度随时间的变化；u 和 v 分别表示沿 x 和 y 方向的速度。

该方程中含有两个未知数,使用单个像素不足以计算出这两个未知数的值,而需要使用光流法的第3个假设条件,通过引入当前像素点的邻域像素来建立系统方程求解。如使用5×5邻域像素的亮度变化来计算当前像素点的运动,则建立如下方程:

$$\begin{bmatrix} I_x(p_1) & I_y(p_1) \\ I_x(p_2) & I_y(p_2) \\ \vdots & \vdots \\ I_x(p_{25}) & I_y(p_{25}) \end{bmatrix} \begin{bmatrix} u \\ v \end{bmatrix} = \begin{bmatrix} I_t(p_1) \\ I_t(p_2) \\ \vdots \\ I_t(p_{25}) \end{bmatrix} \tag{2-39}$$

将上述方程简记为:

$$\boldsymbol{A}\begin{bmatrix} u \\ v \end{bmatrix} = \boldsymbol{b} \tag{2-40}$$

由于上述方程是过约束条件的,因此,引入最小二范数的方法求解,可以得到:

$$(\boldsymbol{A}^{\mathrm{T}}\boldsymbol{A})\begin{bmatrix} u \\ v \end{bmatrix} = \boldsymbol{A}^{T}\boldsymbol{b} \tag{2-41}$$

当$(\boldsymbol{A}^{T}\boldsymbol{A})$可逆时,可以得到方程的解为:

$$\begin{bmatrix} u \\ v \end{bmatrix} = (\boldsymbol{A}^{T}\boldsymbol{A})^{-1}\boldsymbol{A}^{T}\boldsymbol{b} \tag{2-42}$$

又因为图像中的纹理至少包括两个方向的变化信息,因此$(\boldsymbol{A}^{T}\boldsymbol{A})$通常有两个不同的特征向量,即是满秩可逆的。事实上,图像的角点就是可用于跟踪的良好特征点。

2.3.3.2 稠密光流

稠密光流使用图像中的每个像素来参与速度的计算,相对于稀疏光流来说,其计算量较大。常用的稠密光流算法有:Horn-Schunck 方法和块匹配方法。

1) Horn-Schunck 方法

Horn-Schunck 方法的假设前提是光流在整个图像中的变化是平滑的。

它使用一个全局的能量公式来描述图像的平滑度，而且通过最小化能量公式来得到一个更平滑的效果。二维图像的能量公式描述如下：

$$E = \iint [(I_x u + I_y v + I_t)^2 + \alpha^2(\|\nabla u\|^2 + \|\nabla v\|^2)]\mathrm{d}x\mathrm{d}y \quad (2\text{-}43)$$

式中，α 为平滑度参数，α 越大，则平滑度越高，估计精度也越高；∇表示梯度。

上述能量方程可以通过求解相应的欧拉—拉格朗日方程来得到最小解。在最小化的过程中可以得到以下方程：

$$\begin{cases} I_x(I_x u + I_y v + I_t) - \alpha^2 \Delta u = 0 \\ I_y(I_x u + I_y v + I_t) - \alpha^2 \Delta v = 0 \end{cases} \quad (2\text{-}44)$$

式中，$\Delta = \frac{\partial^2}{\partial x^2} + \frac{\partial^2}{\partial y^2}$，表示的是拉普拉斯算子。而在实际应用中，拉普拉斯算子常使用有限差分法来计算，记为 $\Delta u = \bar{u} - u$，其中，$\bar{u}$ 表示像素(x,y)附近邻域点 u 的加权平均值。所以，(2-44)可以变为如下形式：

$$\begin{cases} I_x(I_x u + I_y v + I_t) + \alpha^2(u - \bar{u}) = 0 \\ I_y(I_x u + I_y v + I_t) + \alpha^2(v - \bar{v}) = 0 \end{cases} \quad (2\text{-}45)$$

由式(2-45)可以计算得到速度分量 u 和 v。另外，由于式(2-45)使用邻域点参与计算，所以，根据稠密光流的定义，又可以得到以下迭代方程：

$$\begin{cases} u^{n+1} = \bar{u}^n - \dfrac{I_x(I_x\bar{u}^n + I_y\bar{v}^n + I_t)}{\alpha^2 + I_x^2 + I_y^2} \\ v^{n+1} = \bar{v}^n \quad \dfrac{I_y(I_x\bar{u}^n + I_y\bar{v}^n + I_t)}{\alpha^2 + I_x^2 + I_y^2} \end{cases} \quad (2\text{-}46)$$

式中，n 为迭代次数；当 $n=0$ 时，u^0 和 v^0 是初始值，一般可取为0。

2）块匹配方法

块匹配算法是将前一帧图像和当前图像分为很多小块，然后使用匹配算法来计算这些块的运动。块在图像中是可以重叠的，常包含一定数量的像素点。计算所得到的"速度图像"的分辨率通常比输入图像要低,这是因为块匹配算法是对像素块进行处理的而不是单个像素。式(2-47)给出了结果图像的尺寸大小:

$$\begin{cases} W_{\text{result}} = \left| \dfrac{W_{\text{prev}} - W_{\text{block}} + W_{\text{shiftsize}}}{W_{\text{shiftsize}}} \right|_{\text{floor}} \\ H_{\text{result}} = \left| \dfrac{H_{\text{prev}} - H_{\text{block}} + H_{\text{shiftsize}}}{H_{\text{shiftsize}}} \right|_{\text{floor}} \end{cases} \tag{2-47}$$

式中,W 和 H 分别表示图像的宽和高;block 表示正方形块的尺寸大小;shiftsize 表示块在图像中的移动步长,它描述了块与块之间的重叠程度。

通过获得的光流信息,我们可以通过光流场的方向和幅度来得到运动目标的信息。

2.4 本章小结

本章重点对视频图像技术的基本概念和处理方法做了较为详细的介绍。首先,针对视频图像的基本概念,包括视频表达、视频频率、空间分辨率、空间采样率、扫描方式以及视频编码格式和码率,进行了阐述。然后,详细介绍了两种采用的视频滤波技术:一是基于运动检测的滤波,综合考虑视频的运动信息,通过运动的检测,区分静止和运动两种状态,分为帧间均值滤波和利用运动检测信息的滤波,从而有针对性地实现对视频的滤波;二是基于运动补偿的滤波,借助帧间像素点的运动轨迹来进行滤波处理,分为运动轨迹和运动补偿滤波。最后,对三种常用的视频图像运动目标检测技术进行了阐述,包括基于图像帧差法的运动检测、基于摄像机模型的运动检测和基于光流法的运动检测。

这些视频图像运动目标检测方法将在第 4 章行人视频检测技术和第 5 章车辆视频检测技术中得到具体的应用。

第3章　交通视频监控应用与发展

交通运输行业视频监控技术的早期应用是随着高速公路建设开始的，通过视频监控系统实现高速公路路段、桥梁、隧道及收费站的运行状况监控。随着视频监控技术不断发展，视频监控系统由于具有直观、有效、内容丰富等优点，逐渐在交通行业其他领域逐步推广使用。

随着宽带网络和无线宽带技术普及和视频处理技术发展，视频监控系统经历模拟监视系统、数字监控系统和网络化多媒体监控系统三个阶段的发展。目前，交通视频监控系统基本上实现了高清视频采集、图像处理分析和数字化联网传输和控制。交通视频资源已经成为交通大数据中信息最为丰富的数据资源，交通视频应用已不仅是简单的调阅和监控，而是可以利用交通视频大数据实现交通运营监控、应急处置、决策调度以及公众信息服务，成为各级政府和行业管理单位信息化系统中最为重要的组成部分，是推动智慧交通建设、提升交通管理智能化水平的重要手段。

3.1　基本概况

绝大多数的大城市交通视频监控系统已经实现对高速公路、国省干道、普通公路、机场火车站以及客运枢纽站场等公共交通场所和长途客运汽车、公交车、地铁车厢等载运交通工具的实时监控，成为综合治超、停车收费、交通执法的主要依据。个别城市，例如北京、广州、深圳等建立了全市范围的交通行业数据中心，汇聚大量的视频资源，实现了全市交通视频资源集中调阅和统一管理，在缓解交通拥堵、综合运输协调、交通应急联动等方面发挥了重要支撑作用。取得的主要成就包括以下方面。

3.1.1 交通视频监控体系

以北京为例,北京市交通运行监测调度中心(TOCC)(图3-1)作为交通行业市级层面的总中心,建设了数字化视频资源管理平台,实现了交通委运输局、交通委路政局、执法总队、轨道指挥中心等各行业管理中心视频管理平台资源的接入;实现了30家单位的视频监控点视频资源的全面接入,监测点覆盖高速公路、国省干道、城市道路、枢纽场站、地面公交、营运车辆、铁路道口等关键场所和基础设施;实现了近6万路视频资源的汇聚和自由切换调阅,初步建成以城市路网监管为主体,以长途客运、公共汽电车、轨道交通、出租车为主,涵盖铁路和民航等运输方式的综合立体交通监控体系;实现了对客车、货车等运营车辆的监控和管理,实现超载车辆监控和执法取证,突发事件下现场监控和应急辅助决策以及指挥协调调度,基于交通视频数据与浮动车数据相结合的路网运行状态实时发布信息。

图3-1 北京市交通运行监测调度中心

3.1.2 交通视频识别应用

通过利用机器视觉、图像工程、模式识别、人工智能等多学科知识,交通视频处理技术已经实现了交通量、客流量、速度、密度等重要信息的特征提取,能够将运动中的汽车车牌、车型从复杂背景中提取并识别出来。利用图像采集设备和图像自动处理和分析功能,可以实现简单场景中异常交通事件自动检测并报警。通过视频图像分析能对图像场景进行准确解释,对图像中目标进行定位、识别、跟踪以及事后执法取证。交通视频大数据已经成为智能交通系统(ITS)的基础性和关键性数据。另外,交通视频压缩处理技术也取得巨大进步,基本上实现编解码传输质量不降低,实时传输路数也实现大幅提升,为视频联网监控和数据共享提供条件。随着交通视频数据应用越来越广泛,交通视频也成为推动交通行业大数据应用的热点。

3.2　交通视频监控场景

交通行业的视频应用覆盖了高速公路、国省干道、轨道交通、地面公交、场站枢纽、营运车辆等行业领域。这些不同的行业领域,针对服务的对象,分为对车辆、行人和设施环境的监控,涉及的应用场景包括:轨道交通 10 类场景、地面公交 7 类场景、高速公路 8 类场景、综合客运枢纽(包括机场、火车站等)9 类场景、路政执法 3 类场景和超载超限 8 类场景等。

3.2.1　轨道交通视频监控

交通视频监控系统是轨道交通管理单位运营管理和保障公共安全的重要的智能化系统,是防范恐怖事件和处理轨道交通突发事件的必要手段。轨道交通各线网通过建设交通视频监控系统来实现轨道交通内关键设施和区域的不间断监控,最大限度地避免各类事件的发生,具体功能包括以下方面:

(1)地铁车厢内视频监控:监视车厢内公共安全情况,并通过存储设备保存现场视频图像资源,为事后调查、事件跟踪提供依据。

(2)轨道交通站台监控:实现站台、出入口、换乘通道、候车站台、自动扶梯以及工作区客流监测和安全监控。

(3)运营车辆全程监控:实现沿线隧道、桥梁及车辆检修场等重要场所的联网监控。

(4)轨道站外广场视频监控:实现站外广场轨道站点出入口与地面交通连接处的全面监控。

轨道交通视频监控及具体应用情况见表3-1,实例如图3-2~图3-7所示。

轨道交通视频监控应用汇总表　　表3-1

应用场景	安装地点	监测对象	监测内容
车载视频	车内	人员	车内状况
轨道站点	站台	车辆、人员	车辆及乘客状态
	换乘通道	人员	日常管理
	出入口	人员	日常管理、状态监测
	自动扶梯	人员	日常管理
	工作区	人员	办公管理
车辆行驶路段	隧道	车辆	环境状态监测
	桥梁	车辆	环境状态监测
	段场	车辆	日常管理
站外广场	站外广场	人员	日常管理

图3-2　轨道交通车厢视频

图 3-3　轨道交通隧道监控视频

图 3-4　轨道交通站台监控视频

图 3-5　轨道交通换乘通道监控视频

图 3-6　轨道交通站点扶梯监控视频

图 3-7　轨道交通站外广场监控视频

3.2.2　地面公交视频监控

地面公交视频应用主要是通过在公交车内、公交站台和公交站场安装视频监控设备来进行远程监控,并将监控视频接入公交调度中心系统来实现联网监控。地面公交视频监控应用包括以下方面:

(1)车载视频监控:依托 3G、4G 等移动通信技术,对公交车在路上行驶状况、车厢内环境、驾驶员工作情况进行远程实时视频监控,提高车辆的行驶安全性。

(2)公交站台视频监控:实现公交站台安全监控,人员客流识别,为客流调度提供决策依据。

(3)公交场站视频监控:多角度地实时监控和记录公交场站内车辆和人员活动情况,实现场站内车辆调度、防止乘客逃票,及时发现治安事件,并为事后追查提供强有力的证据。

地面公交视频监控及具体应用情况见表3-2,实例如图3-8～图3-12所示。

地面公交视频监控应用汇总表　　表3-2

应用场景	安装点位	监测对象	监测内容
车载视频	车内	人员	车内状况、承载率
	车外	人员	公交车道违章占用
中途站点	站点	车辆、人员	车辆和候车乘客状态
场站视频	场站出入口	车辆	车辆状态
	停车场	车辆	日常管理
	油库	车辆、油库区	状态监测
	办公区	人员	日常管理

图3-8　公交系统车载车内监控视频

图 3-9　公交系统车载车外监控视频

图 3-10　公交系统中途站点监控视频

图 3-11　公交系统场站入口监控视频

图 3-12　公交系统场站办公区监控视频

3.2.3　高速公路视频监控

视频监控系统是高速公路机电工程的三大系统之一，由监控摄像头、云台、监视器、网路视频服务器等设备组成。高速公路管理公司根据自身管理和业务需要建设的视频监控系统对高速公路基础设施、收费站、收费车道、ETC 车道、服务区进行视频监控，另外，交管部门也在高速公路上安装用于违章抓拍和取证的摄像设备。高速公路视频监控应用包括以下方面：

(1)收费视频监控：在收费广场、收费通道及 ETC 车道、收费岗亭等重要路段和出口安装摄像机进行监控，可以监视收费人员工作情况，收费数据信息实时录像存档，还可以为违章违法行为提供证据。

(2)关键基础设施视频监控：在长大桥梁、隧道、关键断面以及服务区建设视频监控管理分中心，通过专用传输通道与总中心组成一个网络，便于总中心对各监控分中心的视频进行查看、检索和调用，方便管理人员更加直观全面地了解现场情况进行事件处置。

(3)视频图像处理：通过对监控视频进行处理和分析，提取车流量、车速、车牌等指标，可以掌握实时交通情况，便于工作人员快速反应。

高速公路视频的功能划分见表 3-3。高速公路视频监控具体应用情况如图 3-13 ~ 图 3-16 所示。

高速公路视频功能划分　　表3-3

应用场景	监测对象	监测内容
路段	车辆	路面车辆运行情况
收费广场	车辆	收费出入口车辆运行情况
收费车道	车辆	车牌信息、车辆信息
车辆检测器	车辆	车辆行驶速度、事件检测
收费岗亭、办公区域	人员	日常管理
服务区	车辆、人员	秩序管理、日常管理
路产巡查	道路设施	养护管理

图3-13　高速公路路段监控视频

图3-14　高速公路收费广场监控视频

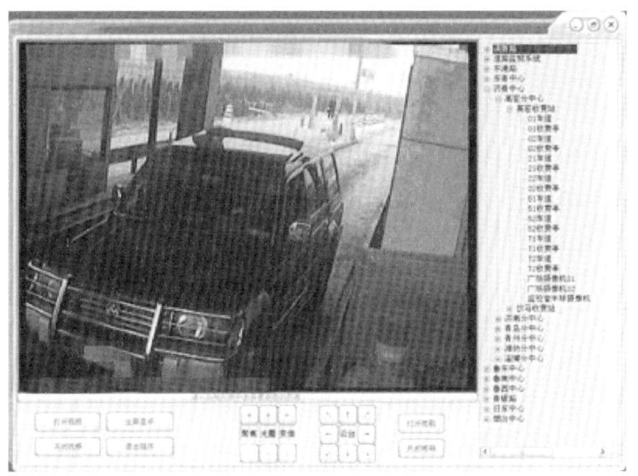

图 3-15　高速公路收费车道监控视频

图 3-16　高速公路服务区监控视频

3.2.4　客运枢纽场站视频监控

综合客运交通枢纽、枢纽场站、机场、火车站等公共场所是视频应用的主要单位。目前,建设视频监控系统实现对枢纽出入口、安检区、通道、候车区、站外广场和车辆出入口等关键区域全覆盖监控。客运枢纽场站视频监控应用包括以下几个方面:

(1)售票区监控:主要是针对在机场、火车站、长途客运站的售票区,监控客流的排队等情况。

(2)通道监控:主要是针对在枢纽中行人容易产生拥挤的关键地点,监控客流的拥挤状态等情况。

(3)停车场监控:主要是针对运营车辆的运力情况进行监控,以满足运营调度的管理和服务。

客运枢纽场站视频的功能划分见表3-4。客运枢纽场站视频监控应用情况如图3-17~图3-26所示。

客运场站视频功能划分　　表3-4

应用场景	监测对象	监测内容
售票区	人员	路面车辆运行情况
安检区	人员	收费出入口车辆运行情况
通道	人员	客流状态
候车区	人员	客流状态
发班区	车辆、人员	车辆状况
停车场	车辆	日常管理
出入口	车辆	秩序管理、日常管理
站外广场	车辆、人员	状态监看
车辆出入口	车辆	车辆状态

图3-17　客运场站售票厅监控视频

图 3-18　客运场站安检区监控视频

图 3-19　客运场站候车厅监控视频

图 3-20　客运场站发班区监控视频

图 3-21　客运场站停车场监控视频

图 3-22　客运场站出入口监控视频

图 3-23　机场航站楼大巴等候区

图3-24　机场航站楼出租车等候区

图3-25　火车站出租车等候区

图3-26　火车站出租车上客区

路政视频功能划分 表3-6

应用场景	安装地点	监测对象	监测内容
路政视频	国省干道	车辆	运行状况,路政管理
	隧道桥梁	车辆	运行状态监测与应急
	车辆检测器	车辆	运行状态监测
铁路道口	道口区域	车辆、人员	状态监测管理
	管理岗亭	人员	日常管理
治超视频	出入口	车辆	车辆信息
	磅房	车辆	车辆信息
	办公区	车辆	日常办公

图3-29 路政在国道监控视频

图3-30 路政在省道监控视频

图 3-31　路政在铁路道口监控视频

图 3-32　路政在治超站点监控视频

3.2.7　停车场视频缴费

停车场视频收费系统是利用基于视频的车牌识别软件自动识别车牌号码,并对车辆进行详细特征提取后自动保存在数据库中,车辆驶离停车场时系统自动识别车辆计算停车时间,收费管理系统将自动结算缴费金额。停车场视频缴费应用情况如图 3-33 和图 3-34 所示。

图 3-33　停车场出入口视频监控

图 3-34　室内停车场视频监控

3.2.8　交通应急视频监控

交通应急视频监控的应用除包括事件检测与报警、事件确认、事件响应、事件处理等方面外,还包括利用现场视频回传应急指挥中心进行决策指挥和协调调度。

针对城市日常管理的应急需求,交通各行业的视频资源都可作为应急视

频使用,交通行业配备了安装车载摄像头的应急指挥车辆,车载移动视频图像也能及时回传应急指挥中心。

3.2.9　视频处理技术发展趋势

视频监控设备具有设备成本费用低、安装简单方便、运营费用低的特点,而且交通视频智能化处理可提取更多特征信息,实现一次采集、多次使用。交通视频大数据分析应用技术呈现以下发展趋势:

3.2.9.1　复杂环境下图像多特征提取

交通视频智能分析满足实际应用的前提是图像特征提取要适应更为复杂和多变的现场环境,不仅不再局限于垂直角度或者某个特定角度进行分析,甚至可以在任何角度上进行检测;另外,复杂环境下图像多特征提取还表现为视频在环境光照条件复杂多变、抖动、场景复杂等情况下,尽可能多地提取视频图像中的特征元素和元素的特征信息,而且,提取特征元素的精度也越来越高。

3.2.9.2　视频压缩传输效率大幅提升

带宽限制和存储容量是影响视频大数据应用的关键问题,随着网络带宽的进一步扩展,交通视频编解码技术突破和处理器运算能力的提升,基于波分复用和环网技术全数字无压缩光网络技术,可以大量节约光纤资源,提高网络可靠性,一次编码可以实现全网传输,避免了多级级联的质量下降问题,特别是交通视频编码协议新标准的制定和应用,配置解码模块还可以实现矩阵的功能,另外移动网络4G、5G技术发展,不仅使有线传输不再受带宽限制,无线传输也可以利用更少带宽传送更高质量图像。

3.2.9.3　视频图像实时快速分析成为现实

在利用视频进行交通运营管理中,信息服务均需要具备对视频图像进行快速处理的能力,突发事件应急处置更需要视频图像传输和处理的实时性,因此,不断提高视频图像快速分析能力是交通视频大数据分析应用的关键,运用嵌入式智能视频分析技术和产品可以实现关键特征现场提取和远程传输;利用数据中心强大的计算机集群技术能够实现视频数据的快速处理和分析,视频图像实时快速分析将为交通行业应急处置、运营管理和信息服务提供重要技术支持。

3.2.9.4 视频信息关联应用范围越来越广

交通行业各业务部门视频监控系统均从自身业务需求出发建设视频监控系统,支撑业务运营管理,但是交通视频系统作为智能交通的一个有机组成部分,各个部分间互相影响,互相协调;未来视频信息关联应用不仅是跨系统、跨平台,甚至是跨行业、跨行政区的视频数据交换共享,还要与交通其他数据进行融合和深度挖掘。因此,交通视频分析应用将在充分分析各业务监控系统视频间的关联性基础上实现交通视频大数据统一管理和使用,为行业领域提供更多智能获取相关信息的功能。

3.3 本章小结

本章首先介绍了交通视频监控体系的基本建设情况,通常分行业领域建设相应的视频监控中心,有条件的城市通过汇集各行业领域的视频监控资源,建设市级层面的监控总中心;然后,分行业领域对交通视频监控场景进行了详细的阐述;最后,介绍了交通视频处理技术未来的发展趋势。

第 4 章　行人视频检测技术

4.1　简介

目前,视频处理技术及视频处理计数已经广泛应用于车辆及行人等的检测与计数,并且能够取得比较好的检测效果。但是基于视频的行人流量计数仍处于一个未成熟的阶段,它的难度在于人是一个非刚体;人的着装、发型及颜色等各式各样;并且所处的环境复杂多变。这些问题给人体的检测带来极大的挑战性。

本章主要介绍在单目摄像机下基于视频检测与跟踪的密集行人流量统计算法。经过理论和实际研究,采取了从行人正上方检测行人头部的策略,并且选用级联 AdaBoost 学习方法训练了一个基于 LBP 特征的行人头部分类器。为了防止对目标重复计数,必须预测同一目标在不同图像帧的位置,提出一个基于 Haar 特征匹配的鲁棒性行人跟踪方法。该方法根据实际应用将行人在短时间的运动看成匀速直线运动并且建立状态方程,然后运用卡尔曼预测目标的位置信息和利用表面模型匹配搜索目标。接着介绍行人计数算法的整个流程和详细说明 ROI 设置在减少计算量、提高检测精度所起到的作用。最后实现了视频监控硬件系统基本原型和上位机软件操作系统,可通过上位机随时监测每个摄像机的画面信息和行人计数结果。为了对行人检测、行人跟踪以及行人计数的性能进行评估,进行了大量的实验验证,结果表明该行人计数系统在检测性能、统计率和算法执行效率等方面都到达了实际应用的要求。

4.2 主要研究内容与结构组织

本章主要是针对商场、地铁和飞机场等出入口行人密集情况下行人检测与行人计数的研究，主要采用视频处理技术路线，目标是实现一个稳定可靠、推广性强、计数准确度高的行人计数系统。经过对相关技术文献的研究和大量实验验证，目前普遍使用的行人计数方法在行人密集情况下、人与人之间相互遮挡比较严重时并不能有效地检测并且统计行人目标。因此，本章研究的实际应用性强且非常具有挑战性。本章主要涉及视频处理的两个关键技术领域：目标检测和目标跟踪，然后利用这两个技术来估计目标的总数量。本章采用行人头部作为检测目标，训练了一个基于 AdaBoost 学习方法的行人头部分类器，这个分类器用于对图像中行人目标的头部进行检测；同时提出了利用模板匹配方法估计行人对象在未来图像帧的状态信息。为了提高检测算法准确度和降低算法的计算量，行人检测和行人跟踪算法只在一个 ROI(Region of Interest)区域中进行。最终的行人系统不仅能够有效对行人目标进行统计，而且满足了系统实时工作的需求。系统结构示意图如图 4-1 所示。

本章的主要结构如下所示：

4.1 节对本章的研究总体思路作了简介。

4.2 节对本章各节的研究内容进行了梳理并提供技术路线图。

4.3 节主要讨论行人计数的应用场景、技术演变和基于视频的行人计数的特点；介绍了目前国内外大企业、政府机构在行人视频计数方面所开设的项目和发展情况；详细介绍了在视频处理领域的两个重要方法的发展现状。

4.4 节详细分析行人检测。首先对检测的硬件环境和检测目标做了一个详细的讨论，介绍了两种基本特征 Haar 和 LBP 的特点，并分析了 AdaBoost 的学习原理和训练过程；最后说明了该分类器在图像中检测行人的具体细节。

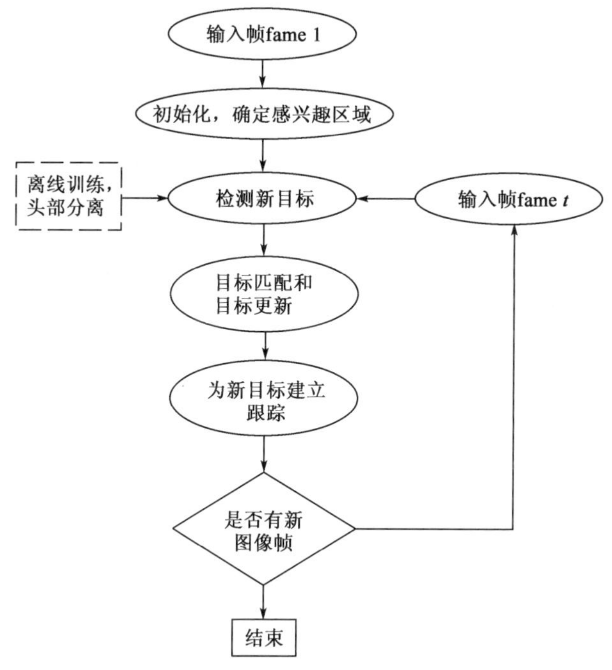

图4-1 行人计数系统结构示意图

4.5 节引入了目标跟踪,以一个跟踪算法所包含的三个功能模块为研究基本框架,对跟踪算法的表面模型的描述、运动模型的建立和搜索匹配决策的选择、原因和实现做了详细的讲解论证。

4.6 节和 4.7 节分别对应于 4.4 节和 4.5 节,分别介绍行人视频检测技术应用和行人视频跟踪技术应用。

4.8 节从整体上介绍一个通用的视频监控系统所包含的基础设施以及他们的作用,讨论了整个行人计数算法的方案。

4.9 节是实验与结果。分别从目标检测、目标跟踪和行人计数三个方面给出每一个算法的实验结果,并把实验结果与目前前沿的一些算法进行对比,论证算法的有效性和高效性等性能。

4.10 节是本章所有知识点的一个总结,是对本章所提出的技术方法的一个客观评价,并对该技术在未来的前景进行了讨论。

4.3 国内外发展情况

近几年,国内外在公园、旅游景区、休闲广场和车站等区域,在举办重大活动的时候频繁发生了许多不同程度的踩踏事件,这主要是过度拥挤的行人无法及时疏散导致的。由于这些事件的发生,密集人流的管理监控和公共场所的安全设计越来越引起人们的注意。针对这个问题,许多国家启动了相关的项目对密集人群行为进行研究。1997 年,美国 Defense Advanced Research Projects Agency 设立了视觉监控项目 VSAM[1],他们的目标是开发和探索自动视频理解技术,在未来,该技术可能针对军事领域或者日常生活中的地铁、机场等等场所进行保护。GEOIDE 和 Canadian Network of Centers of Excellence 联合创立了 Crowd-MAGS 项目,其目标是开发密集人群的微观仿真模型和研究警察与军队在人群管理中起到的作用[2]。英国启动"A European Study of the Interaction between Police and Crowds of Foreign Nationals Considered to Pose a Risk to Public Order"项目,主要研究在欧洲足球比赛中警察如何应对和管理具有高风险的各国球迷,目标是开发具有实践意义的人流监控管理模型和理解有助于管理公共秩序的警察战略和战术[3]。

另外,基于图像和视频处理的计算方法通过获取人群的有效特征和事件检测得到的数据来分析密集人群也成为了研究的热点。如,英国 EPSRC 启动了关于密集人群运动、密度和可能存在危险情况的检测,这个项目应用图像处理的方法对人群进行分析[4-6]。BEHAVE 项目也是 EPSRC 发起的,这个项目是将计算机的图像处理方法作为辅助方法来筛选出有异常活动的视频流,最终目标是滤除视频流中正常活动的图像帧[7];2003 年,欧盟启动的 PRISMATICA[8] 和 ADVISOR[9] 项目是关于通过闭路电视摄像机进行交通公共网络的管理;ISCAPS[10] 是 2005 由欧洲的 10 个 ICT 公司和学术组织联合创立的,旨在加强欧洲公民的安全和降低恐怖主义的威胁,最终对容易遭受恐怖袭击的地区提供高效实时、用户友好和全自动的监控。SERKET[11] 同样也是欧盟启动的解决公共地区安全的项目，它的目标是给安全人员及时提供正确的信息，使安全人员了解使命和快速做出判断，从而解决可能存在的隐患。此外，还有一些大公司，如 Acorel、SPSL、Infodev、Abtekcontrols 和 Video turnstile 等，也研发了相应的行人分析的产品。

近几年，随着国内公共安全意识的提高，视频监控的应用也得到了迅猛的发展，科学研究所和企业投入了大量的人力和财力重点研究这一领域。中科院自主研发了可对突发事件进行全天候实时监测预警的监控系统，该系统成功应用于2008 年北京奥林匹克运动会，以集中监视、集中分析和集中管理为目的，可以对各个行人出入的重点公共场所进行检测，实现了对每个地点的行人数目统计和各个时间段的行人密度分布的输出。此外，将每一个小地点得到的数据进行整合分析，可以预告短时间内该地点可能出现的一些情况，对于比较严重的具有破坏性的情况会发送报告。系统会根据险情采取相应的处理措施。许多重点高校如清华大学等都召集了相应研究团队，主要开展了利用视频技术进行密集人流的行为探索、车流事故原因的考究和各种安防的研究。国内很多企业在行人分析方面做了大量的研究并开发出客流统计的相关产品，这些产品主要应用于室内、超市和地铁的出入口。相关企业包括海康威视、大华、汇纳科技、北京文安和天威电子科技等。

4.4　行人视频检测技术

行人检测是进行行人计数的首要条件，也是行人跟踪的基础。简单来说，行人检测就是在视频图像帧中划定的感兴趣区域内，提取出行人目标的位置、大小、轮廓等信息。由于行人自身的特性，不像车辆具有比较统一的尺寸标准，因此，在进行行人视频检测时，以下因素都会对检测效果产生影响。

(1)缓慢变化的光照。当摄像机安装于室外时，例如一些商场的进口处，拍摄的视频图像画面的亮度会随着太阳光线的亮度变化而变化。这个变化的光照偏差,会导致背景在检测过程中受到影响,从而导致误将背景检成前景。如图 4-2a)、b)所示。

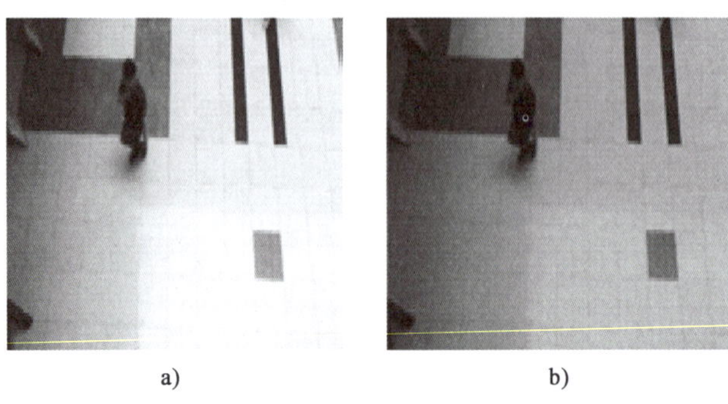

图 4-2 缓慢变化的光照对行人检测的影响

a)行人顶端拍摄图像;b)a)中整体光线缓慢变暗的情况

(2)突然变化的光照。当摄像机安装于室内时,例如地铁入口通道,照明灯光切换时,突然变化的光照会使背景部分物体表面的亮度发生剧烈的变化,这时视频图像帧与背景模型之间的偏差就不仅仅是运动的前景目标,也包含了光照变化下的背景目标。在一些极端的情况下,可能整个一帧视频图像都将被误检为前景目标。如图 4-3a)、b)和 c)所示。

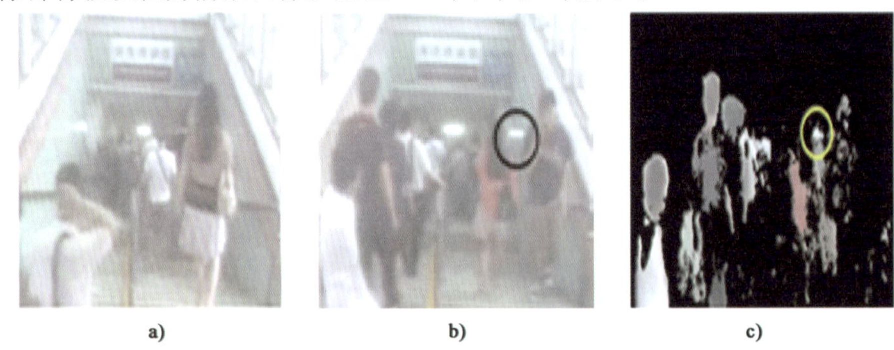

图 4-3 突然变化的光照对行人检测的影响

a)地铁行人图像;b)椭圆黑色圈中的亮灯在 a)中被遮挡,在 b)中重新出现;c)亮灯对获取前景的干扰如黄色圈所示

(3)非行人运动目标。背景模型检测到的运动目标并不一定都是行人,也可能是其他非行人目标的变化。例如,刮风时红旗会发生晃动或者大树叶子的抖动,都会导致视频图像像素变化,从而被检测出来。如图4-4a)、b)所示,一位骑自行车的行人,在用背景模型检测得到的图像中,由于通过的路面比较干净光滑,加上光照后的阴影,使得在地面上的反光和阴影也被误检测出来。

a)

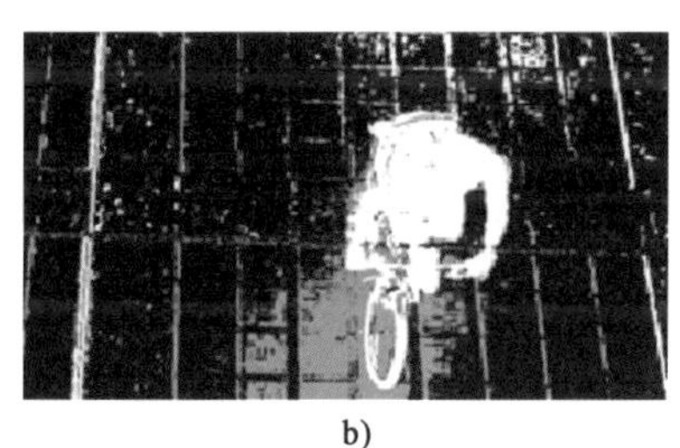
b)

图4-4　非行人运动目标对行人检测的影响

a)自行车为非感兴趣运动物体;b)a)中获取的前景中包含了车辆

(4)行人与背景近色。如果行人目标着装的纹理颜色与所处的环境非常类似,图像帧和背景模型之间不会有太大的偏差,因此会发生漏检,导致没有运动目标被检测到。

(5)行人的影子。摄像机安装在室外时,由于太阳光的照射,行人的运动往往伴随着影子的同步运动。影子跟随行人的运动而移动,当影子与背景之间的差异比较大时,就可能被误检为前景的目标。如图4-5a)、b)所示。

a)

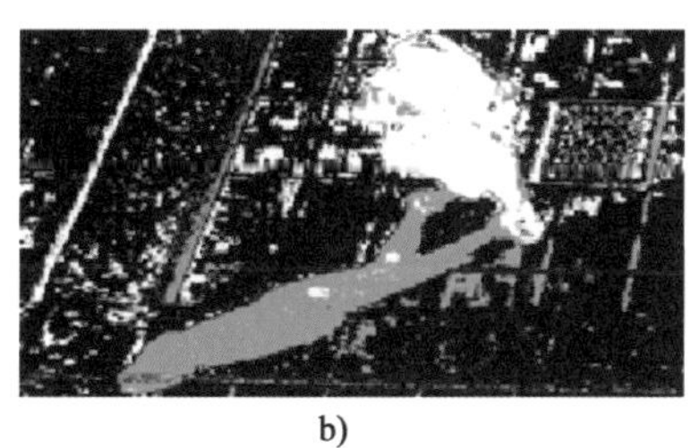
b)

图4-5　行人的影子对行人检测的影响

a)有影子的行人检测;b)影子出现在获取的前景中

(6)图像初始化。当背景模型初始化时,如果场景中包含了运动的目标,将难以获取准确的背景模型。许多的背景减法算法要求背景模型初始化的时候不包含前景目标,也就是在初始化背景图中不包含行人和移动物体。当然,这样的前提条件有时候也不容易满足。如图4-6所示,在地铁站的站台处安装的摄像机,由于很难获取一幅既没有行人也没有列车的视频图像,因此,在对这样的视频图像获取初始化背景图时需要特殊的处理。

图4-6 地铁站台视频图像

(7)视频噪声:视频信号由于电压不稳定、视频帧压缩失真或者传感器老化等原因会对视频画面信息产生较严重的负面作用,从而导致视频噪声的产生。视频信号噪声反应在图像中,就会导致一些像素的变化,从而干扰正常的视频信号。在这样的情况下,就会产生类似运动的前景目标的行为,从而使前景目标的检测错误、失败。如图4-7a)、b)所示。

(8)行人目标特殊性:除了以上提到的影响行人检测的因素外,行人的检测还受到行人目标的特殊性影响。例如,行人的衣着各种各样,没有统一的规则化模式;人是非刚体,行走的姿态和造型,包括步伐、手臂的摆动等各

不相同,甚至在不同的场景中不断变化。由于摄像机安装的高度和角度,人的影子、行人与行人之间会由于角度问题被对方的身体遮挡等因素给行人检测增加了很多困难。

a)

b)

图4-7　视频噪声对行人检测的影响

a)受到椒盐噪声干扰的行人图像;b)椒盐噪声对前景的干扰

以上所述是行人视频图像处理的常见难点,是行人检测过程中必须克服的干扰因素。通常采用的行人提取技术检测方法可分为:背景减法技术和直接检测技术。

4.4.1　背景减法

背景减法技术是先提取出视频图像的背景并通过学习生成一个稳定背景模型,然后利用一些视频图像检测手段提取出前景行人运动目标。Wren[12]的背景模型是在 *YUV* 空间对每一个像素建立高斯模型,而处理后的行人前景目标用多个团块表示,团块空间参数的变化用卡尔曼滤波器进行估计;然后通过图像点的最大化后验概率(MAP)判断该图像点属于前景行人还是属于背景;最后对前景行人目标执行形态学操作,更新前景行人目标和背景模型。这个方法做了很多特定的假设,且适合于检测单人运动、人与人之间相互没有遮挡的情况。Haga[13]主要根据以下几个方面判别检测对象是否为行人:图像空间运动的一致性(F1)、行人运动时间的一致性(F2)和时间运动的连续性(F3)。图片图像空间运动的一致性是局部运动均匀性的测量,根据时间的一致性定义前景行人运动的方向。运动目标的检测采用背景减法,然后通过一个线性分类器对F1、F2和F3的评估,判断检测运动的目标是否为行人。Elzein[14]对视频图像帧进行帧间差分操作,再计算差分区域的光流来检测运动行人目标,然后执行形态学操作连接行人点形成行人团块,这些行人团块组成了运动区域,利用基于小波特征所训练得到的分类器并结合模版匹配方法,可以在行人运动区域中检测行人目标。这个方法在运动区域检测行人目标的好处是减少了检测的范围,降低计算量同时提高计算效率。行人目标是用一个49维的特征向量进行描述,检测的时候是通过一个尺度可变的矩形框与行人运动目标一同移动,扫描所有可能的位置并与模板进行比较。若相似系数大于一个阈值,则该矩形框所在的位置可能是行人目标。但是这个方法的计算量还是较大,在进行实时处理中还比较困难。Yoon和Kim[15]提出了一种组合方法来检测行人目标,该方法只考虑行人上半身的表面模型。首先通过背景减法检测到行人运动目标后,基于点到重力中心在垂直方向的距离进行归一化,归一化后的目标被分为没有重叠的子块,然后计算块与块之间的马氏距离。首先,生成的马氏距离图像通过PCA进行降维,然后用SVM学习训练一个行人与非行人的判别器。Han和Bhanu[16]使用红外摄像机和标准摄像机相结合的方式来检测行人。两个摄像机安装在同一位置,使得摄像机具有相同的高度和视角,然后通过高斯背景模型来获得行人目标。

4.4.2 直接检测

直接检测方法根据行人目标的轮廓、形状、统计信息、纹理、角点等特征直接检测出行人目标的位置和大小。Utsumi和Tetsutani[17]方法主要是利用人体各个部位的相对位置基本不变的特性。基于这个特征,通过将人体的样

本和背景样本分成 $M \times N$ 个小分块，然后构造分块间的距离矩阵（$MN \times MN$ 距离矩阵），最后计算所有的分块距离均值以及方差，从而得到结果。给定一帧视频图像，利用一个尺度可变的矩形框在图像上找出所有可能的行人目标，计算找到的可能行人目标的 $M \times N$ 模版；再将模版分别与人体和行人的均值和方差进行匹配，根据马氏距离来判断该可能目标是行人目标还是非行人目标。Viola[18] 的思想是基于行人的头型和运动特征，用大量的行人与非行人的训练样本来训练一个分类器。它借助了积分图高效地获得了类哈尔特征值来表征样本，然后以级联方式将弱分类器构建成一个强分类器。该策略取得了较快的计算效率和较高的准确度。Sidenbladh[19] 的方法侧重于人体的运动特征，认为人体的运动特征是独立于人体表面和环境等因素，为此收集了不同行人与非行人的运动样本并计算这些样本的光流；然后用这些样本的光流训练出一个基于 RBF（Radial Basis Function）内核的 SVM 行人分类器；最后用这个分类器在输入的视频图像帧中查找可能存在的行人目标。但是，这种方法在被检测行人身体存在遮挡时难以取得较好的效果。Triggs 和 Dalal[20] 认为可以使用梯度的直方图（HOG）为特征空间来表达人体特点，它运用一个物体形状可以用局部的亮度梯度或者边缘方向来表达的先验知识。首先，计算大量的行人与非行人的 HOG 描述子，然后使用 SVM 对描述子进行学习分类得到的分类器，对输入视频图像可能存在行人目标的位置进行检测。

以上介绍了比较常用的行人检测方法，这些方法是对行人检测问题的不断深入研究，对已有方法的不断改进，在某些特定的情况下都取得了比较好的效果。但是，同时这些方法在实际工程应用的推广中还有很多不足，例如在行人相互遮挡比较严重、行人拥挤程度较高的情况下还需要进一步改进和研究。

4.5　行人视频跟踪技术

行人视频跟踪是在行人检测技术的基础上，对同一个行人持续性地采集相关信息。简单来说，通过行人检测技术识别出视频图像中的行人，跟踪检测出行人目标在一段视频帧中第一帧视频的信息，并在后续视频中不断估计跟踪目标状态。行人视频跟踪在人机交互、导航制导、行人物体跟踪等方面有很广泛的应用，是机器视觉一个重要的技术分支。行人跟踪类似于目标检测，视频跟踪也是一项非常具有挑战性的工作，它容易受到光照变化、遮挡、运动形变、复杂的背景和尺度缩放等因素的影响。

通常情况下，一个行人视频跟踪算法包含了以下三个功能模块：

(1)表面模型。它表征着行人目标的特征，也是区分与其他非行人目标物体的重要特点。有些算法采用将第一帧出现的行人样本作为表面模型，它在特定的情况下能够在刚体目标跟踪中取得不错的效果。但是，对于非刚体行人目标却难以完成跟踪。这是因为非刚体行人目标的表面在跟踪过程中会发生较多变化，甚至有可能与第一帧图像完全不一样。为了克服这些问题，许多学者提出了在线更新表面模型的算法。在行人目标跟踪的过程中，表面模型会跟随行人目标的变化自适应学习变化。表面模型的区分性是一个跟踪系统成功的必要条件，基于不同的表面模型表达，这些方法能够归为两类：生成跟踪和判别跟踪[21]。生成跟踪(产生式跟踪)需要学习跟踪行人目标的一个模型，然后利用这个模型在下一帧图像中行人目标周围搜索与这个行人目标具有最小重构误差的样本。如 Black[22]等人通过离线学习跟踪行人目标表面模型的一个子空间，但是这个表面模型无法适应跟踪行人目标随时间的变化。为了解决这个问题，也有部分学者提出了在线学习的方法如 WLS[23]跟踪器和 IVT[24]等方法。判别式跟踪把要解决的矛盾当成了简单的两类判别问题，通过寻找能够判别跟踪对象和背景对象的决策边界进行判别。

(2)运动模型。描述了行人目标的运动轨迹。最常用的运动模型是匀速直线运动模型，即使很多情况下目标的运动是非匀速直线运动，只要运动速度不是特别快，我们也可以用短时间内的匀速直线运动模型对目标的运动

进行很好的近似。采用匀速直线运动的一个优点是可以采用基于 Kalman 滤波的跟踪算法。目前也有部分研究对运动模型采用了高阶非线性运动模型，跟踪算法需采用更加复杂的算法，如粒子滤波等。

(3)搜索策略。搜索策略是利用表面模型在待选的行人目标池中找到最匹配的行人目标[25]。一般通过搜索匹配指标的峰值所在位置来获得。

总体而言，绝大多数不同跟踪算法都是在这三个功能模块的基础上，分别针对每一个不同模块采用不同的方法。

4.6　行人视频检测技术应用

4.6.1　概述

前面已经提到，在行人比较拥挤的情况下进行人数统计是目前比较有实际应用价值的研究。但是，由于多种影响因素，使得这件工作是很困难的，也是非常具有挑战性的。不同场景拍摄的行人目标如图 4-8 所示。

图 4-8　不同场景拍摄的行人目标

由于人的衣着、行走姿态、随身物件等不同，从图中很难找到一个通用的、一致的、规则的、稳定的特征用于行人检测。行人五花八门的穿着是一个不可控因素，而且在拥挤的时候，摄像机拍摄的人群图像会出现行人身体相互遮挡。每个行人身上携带的背包也是比较强的干扰因素。不同的行人在行走中，身体的晃动和步伐的姿态等也有差异。

本节首先介绍了如何选择比较合理的特征对象作为检测目标，通过理论分析和实际场景图像观察选择,发现行人头部是一个形状固定、比较稳定、可识别度比较高的检测对象。然后依托特征提取方法,采用两种特征 Haar 和 LBP,通过积分图快速计算,并训练一个基于 AdaBoost 算法的行人检测分类器,并采用这个分类器完成在视频图像中检测行人目标的整个流程。

4.6.2 对象选择

如果把行人的身体作为检测对象,要达到一个比较高的检测效果是很困难的,这也不是一个明智的选择。通过大量的观察发现,将行人的头部作为检测目标是一个比较好的选择。行人的头部是刚体、轮廓形状也比较固定。另外,在行人非常拥挤的情况下,行人的头部是可见部位,并且通常头部的遮挡比较少。仔细观察会发现摄像机拍摄的场景中,当行人从不同的方向进入到这个场景里,不同的发型、角度、尺度和头部与摄像机的仰角有非常大的差异。因此,得到的头部样本模式还是有很大的区别,如图 4-9 所示。

图 4-9　不同的行人头部图像

这样看来,图 4-9 中的行人头部依然没有比较统一的模式。为了满足检测的强鲁棒性,这显然仍不是一个很好的特征。如果将摄像机安装于行人头部正上方垂直向下拍摄,拍摄的行人头部类似于一个椭圆形的黑色团块,这是一个比较稳定规则的模式,这样对行人的头部进行检测是很有利的。摄像机的安装方式和所拍到的视角如图 4-10 所示,摄像机垂直向下拍摄的行人头部图像如图 4-11 所示。

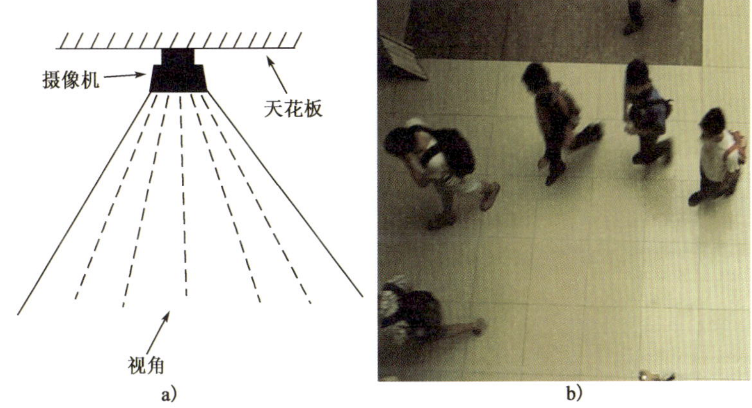

图 4-10　摄像机的安装方式和所拍摄的视角

a)安装于天花板的摄像机;b)摄像机所拍摄的图像

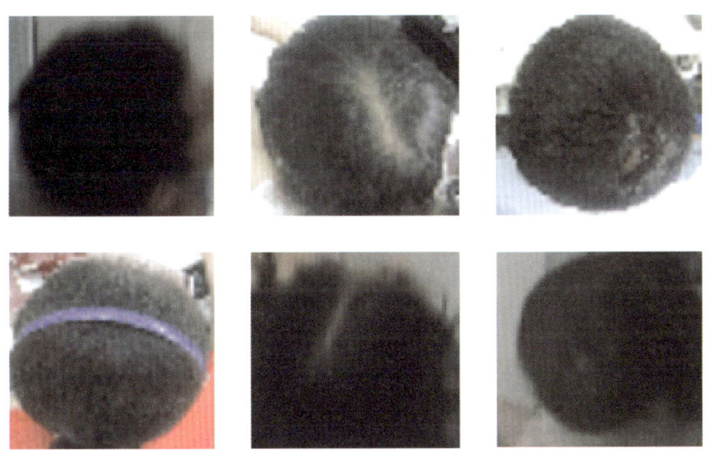

图 4-11　从行人顶部拍摄的行人头部

4.6.3　特征分析

特征选择是非常重要的环节,选定的特征能否针对性地描述所分类的行人样本是检测成败的关键。特征选择最重要的一点是所选择的特征对行人计数具有可区分性。区分能力好的特征能够很大程度上减少分类器的负担，而且具有好的区分效率。另外,由于实时性能的要求,在特性选择上,特征的计算量也是一个必须考虑的问题。

目前,针对不同的应用场景,学者提出了很多特征提取的方法如 HOG, SIFT[26]、SURE[27]等等,这些方法能够提取出具有区分性的特征,在很多应用中都取得很不错的效果。行人检测应用中,在行人拥挤的情况下所需要提取的特征集是非常庞大的,因此,上述几类特征在这个场景下完全无法达到实时性能。经过论证和对比,这里介绍两种可以考虑的特征——Haar-like 和 LBP。

4.6.3.1 Haar-like 特征

Haar-like 特征源于 Haar 小波基函数。原始的 Haar 特征集是很庞大的集合。但是考虑到实际应用,引入了限制条件后只保留 14 个特征原型[28]。后来经过不断地改进发展并扩展成 Haar-like 特征[34,29]。每一类特征分别检测出图像中不同模式的灰度变化情况,Viola 和 Jones[30]把这个特征应用于人脸识别上不仅取得了比较高的准确率,而且利用积分图取得了非常快的运算速度。根据图像模式不同的尺度、形状和旋转角度可以将 14 个 Haar 特征原型分为三类特征:边缘特征、线特征和中心特征,如图 4-12 所示。

边缘特征可以检测灰度发生一次边缘突变的情况;线特征可以检测灰度发生两次方向不同的边缘突变的情况;中心特征可以检测脉冲点。Haar-like 特征在文献[30]中的人脸识别方面有一个很著名的应用,其说明如图 4-13a)所示。这个特征非常像一个眼镜,两端黑色对应着眼睛,白色部分对应鼻梁。因此,这个特征正好可以把人脸上两个眼睛是对称的这个特征非常巧妙地刻画出来,而实验也验证了这一特征在人脸识别上非常有效。同理,图 4-13b)说明的是 Haar 特征应用于行人头部检测的情况,头部类似于一个椭圆黑色团块,包含了丰富的边缘信息,而 Haar 的边缘特征可以很好地把这些特征描述出来。

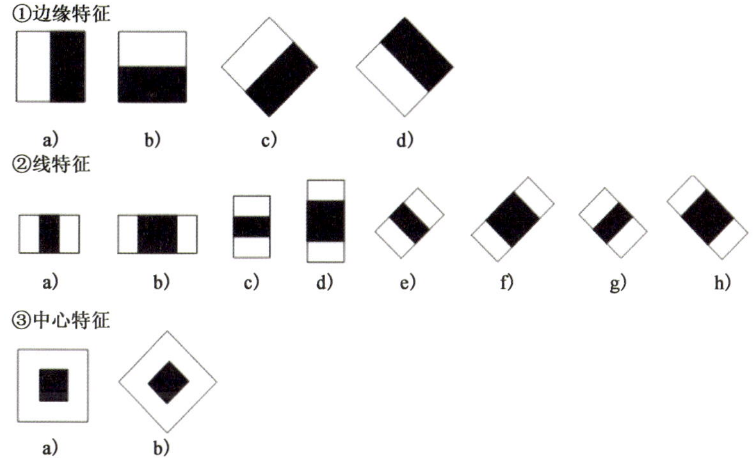

图 4-12　三类 Haar-like 特征

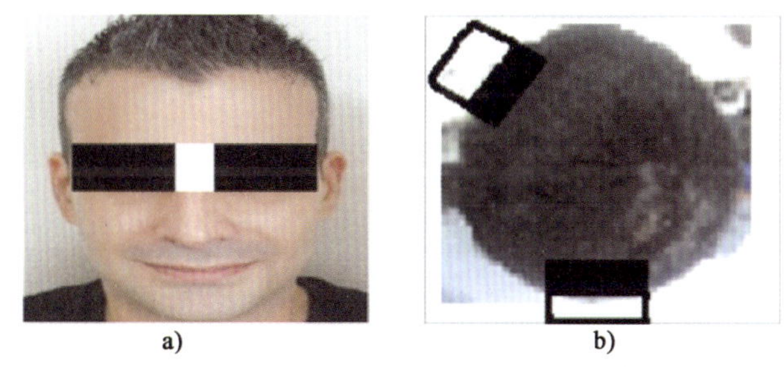

图 4-13　线性特征和 Haar-like 特征的应用

a)线性特征应用于人脸识别；b) Haar-like 特征应用于行人头部检测

从图 4-12 可以得出，Haar 特征实际上是矩形块的不同组合，最典型的就是包含两种块，白色代表着该区域的像素值为 255，而黑色代表该区域的值为 0。如何定量去表示每一个局部特征的特点，在文献[30]中曾采用了如下做法，把白色所覆盖区域图像的积分值与黑色所覆盖区域图像的积分值之差作为该特征模式的特征值，计算公式见式(4-1)。

$$f_j = \sum_{i \in (1,\cdots,N)} \omega_i \times \mathrm{RecSum}(r_i) \tag{4-1}$$

式中，ω_i 是对特征中白色块和黑色块的加权，取值分别为 1 或者 -1；$\mathrm{RecSum}(r_i)$ 是黑色块或者白色块所覆盖图像区域的积分值；N 为每一个

Haar-like 特征包含的矩形框数目总和；r_i 代表第 i 个矩形块。

当待检测行人样本或者待训练行人样本非常多的情况下，如果每一个行人样本都需要计算所有 Haar-like 特征的特征值，不管在行人目标检测还是在分类器训练阶段这都是一个非常耗时的过程。为了提升行人目标检测算法的性能，降低在特征值计算中所耗费的大量开销，文献[30]提出了应用积分图，采取积分图技术能够以较高的速度求取到原图像中各种大小的 Haar-like特征值，应用这个方法推动了 Haar-like 特征的广泛应用。

积分图主要是在特征计算前计算一张原帧的中间积分图像。积分图在位置为(x,y)的结果是原图像坐标 x 左边和坐标 y 上面所有坐标点上的值之和，如式(4-2)所示。

$$ii(x,y) = \sum_{x' \leqslant x, y' \leqslant y} i(x',y') \tag{4-2}$$

式中，$i(x',y')$代表原图像在位置为(x',y')的灰度值；$ii(x,y)$表示积分图像在位置为(x,y)的值。在得到中间积分图像后，求取一个简单 Haar 特征值将非常简单。因为求取 Haar 特征值的过程中最基本元素就是求取每一个长方形块的积分，下面展示如何借助积分图求取长方形块积分的过程。可以从图 4-14 看出，为了求长方形块 D 的积分，取长方形块 D 的 4 个顶点依次为 1、2、3、4。根据积分图获得过程，可得出式(4-3) ~ 式(4-7)。

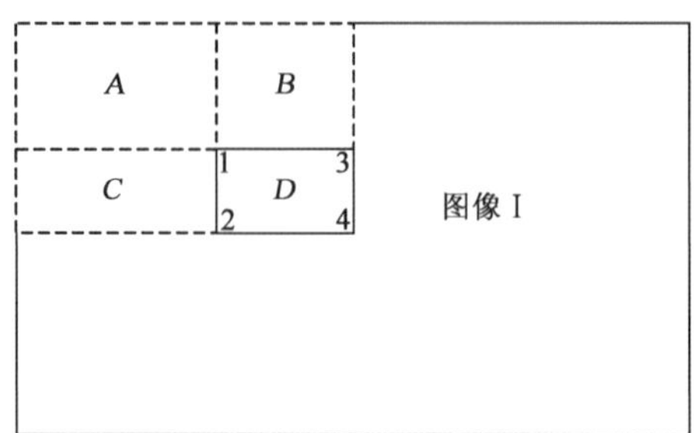

图 4-14　计算矩形区域 D 的积分

$$ii(1_x,1_y) = \text{sum}(A) \tag{4-3}$$

$$ii(2_x,2_y) = \text{sum}(A) + \text{sum}(C) \tag{4-4}$$

$$ii(3_x,3_y) = \mathrm{sum}(A) + \mathrm{sum}(B) \tag{4-5}$$

$$ii(4_x,4_y) = \mathrm{sum}(A) + \mathrm{sum}(B) + \mathrm{sum}(C) + \mathrm{sum}(D) \tag{4-6}$$

所以可以得到区域 D 的面积为：

$$\mathrm{sum}(D) = ii(4_x,4_y) + ii(1_x,1_y) - ii(2_x,2_y) - ii(3_x,3_y) \tag{4-7}$$

因此，有了积分图之后，求一个矩形区域 D 的积分就转化成了三次加减法操作。从而在训练和检测行人样本和特征非常多的情况下，可以避免因对同一个点或区域做重复的积分运算带来的计算开销，大大提高了计算效率。

4.6.3.2 LBP 特征

LBP(Local Binary Pattern)指局部二值模式，它是一个强大的算子，能够有效且高效地提取图像的局部纹理信息。最简单的 LBP 是对尺度 3×3 图像进行操作，首先将周围位置的值与中心点位置的值进行比较，然后对比较后的差值进行二值化，二值化所组成的二进制字符串就是 LBP 二值模式。把这个二值串转换成对应的十进制数就是对应的 LBP 标号。利用视频图像所有像素点的 LBP 标号产生一个直方图，能够比较好地进行特征分析，这在人脸识别、动态纹理识别等方面有着广泛的应用。

最基本的 LBP 算子如图 4-15 所示。其中心点位置值为 5，然后求取周围位置与中心位置的差值；再根据差值跟零比较进行二值化。如果差值大于或等于 0，则该位置赋予 1；如果小于 0，则赋予 0。二值化的结果沿着顺时针方向得到的二进制字符串 11001101 就是二值化模式，而转换后得到的十进制数 205 就是 LBP 标号。

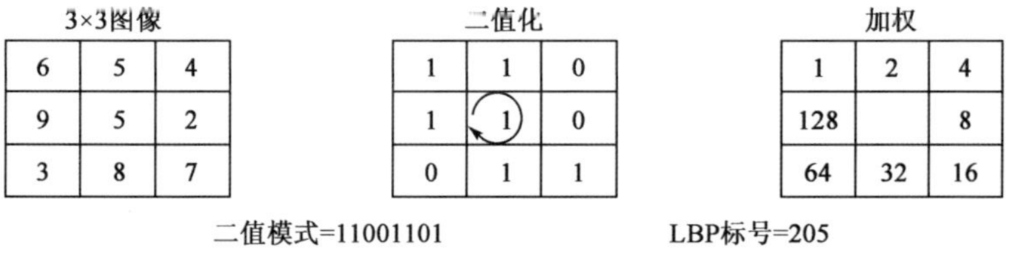

3×3图像

6	5	4
9	5	2
3	8	7

二值化

1	1	0
1	1	0
0	1	1

加权

1	2	4
128		8
64	32	16

二值模式=11001101　　LBP标号=205

图 4-15 基本的 LBP 算子

在图 4-16 的例子中,对一张脸谱图的所有位置的点都进行 LBP 操作,然后把原有位置值都置换成操作后的 LBP 标号,得到的图像为原来的脸谱图像的纹理图。b)是对 a)进行 LBP 操作后得到的图,b)中每个位置的点的值都等于原图像对应位置点的 LBP 标号。一般情况下不把纹理直接用作人脸识别,而是加上一些对图像的限定后,产生一个直方图特征向量作为该人脸的特征描述子。LBP 图像获取的是图像局部的纹理变化的情况,这个特点决定了它不会随着一致性光照的变化而改变,这一点特性也可以从图 4-16 中看出。因此,LBP 纹理图拥有能够对抗一致性光照变化的特性。

a)

b)

图 4-16

a)原图像;b)经过基本 LBP 处理过后的图像

基本的 LBP 特征是范围 3×3 的小区域特征,它不仅容易受到噪声的干扰,而且无法捕捉大尺度的结构性特征。因此,为了减少噪声干扰和扩大结构特征范围,有许多 LBP 的改进模型被提出来,其中一种是多尺度 MB-LBP(Multi-scale Block Local Binary)[31]。MB-LBP 的思路是将 LBP 中的单个像素值扩展到一个方块。这样的改进有以下好处:MB-LBP 比 LBP 有更好的鲁棒性和更强的抗噪声干扰能力;MB-LBP 不仅能够对微小的结构进行编码还能够对大尺度的结构进行编码;MB-LBP 可以应用积分图计算方法提高计算效率。

图 4-17 显示的是一个 9×9 的 MB-LBP 例子。在 a)中 9×9 的图像被切

分成均等的9个子部分,每个部分是一个3×3的块。与前面LBP相比易知,MB-LBP是以一个3×3的块代替LBP操作中的单个像素点,其他的计算跟原来基本上不变。

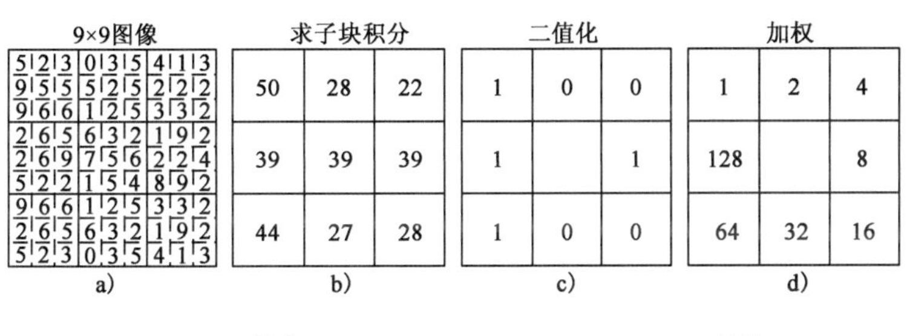

图4-17 MB-LBP示例

a)原始的9×9图像;b)对a)的各个子块进行积分,积分后原始的9×9图像就变成了一个3×3的图像;c)二值化;d)加权

注:求MB-LBP模式和标号的方法与基本的LBP相同。

实质上,MB-LBP是对简单LBP在尺度范围上进行扩展的改进。MB-LBP既保留了基本LBP对光照的变化具有不变性的特征,还具备了其他的优良特性,已经在人脸识别上取得比较好的结果[31]。选择MB-LBP作为行人分析的特征,也是因为在很多情况下,行人场景的光照是不一样的;MB-LBP不仅具有光照不变性,而且对图像纹理比较敏感,它能够高效地提取到行人头部的边界信息。以上两点使MB-LBP特征非常适合用在行人检测中。

与LBP的直方图类似,在加入一些限制条件之后,MB-LBP纹理图并不直接应用于实践中,而是把它转换为SEMB-LBP(Statistically Effective Multi-scale Block Local Binary Pattern),统计有效的多尺度块的局部二值化模式向量。

SEMB-LBP的计算方法如下:$f_s(x,y)$是尺度为s的MB-LBP特征图像在坐标位置(x,y)的值,根据式(4-8)可以得到对应的直方图。

$$H_s(l)=1_{[f_s(x,y)=l]},\quad l=0,\cdots,L-1 \tag{4-8}$$

式中,$1_{(s)}$是集合s的指示器;l是MB-LBP码的标号。在上面的MB-LBP

的计算过程可知,MB-LBP 是一个八维的二进制字符串,因此 $L=256$,即最后得到的直方图特征向量是一个 256 元素的特征向量。

为了获取更加具有区分性的特征,只选取直方图特征向量中更加具有代表性的一个范围,这个范围是选择了直方图中比例比较高的一个 MB-LBP 标号范围。文献[31]中定义尺度为 s 的 SEMB-LBP 集合如式(4-9)所示。

$$SEMB-LBP_s = \left\{ l \mid Rank[H_s(l)] < N \right\} \tag{4-9}$$

$\mathrm{Rank}[H_s(l)]$ 是 $H_s(l)$ 按下降排序后的标号,而 N 是一个选择阈值,当 N 的取值太大会使特征的维数变大;当 N 的取值太小时,特征会失去它的多变性。最终权衡之后,选择 $N=63$,而把剩下所有元素都统一标识为同一个标号,如式(4-10)所示。

$$u_s(x,y) = \begin{cases} Index_s[f_s(x,y)], & f_s(x,y) \in SEMB-LBP_s \\ N, & \text{其他} \end{cases} \tag{4-10}$$

式中,$Index_s[f_s(x,y)]$ 是 $f_s(x,y)$ 在 $SEMB\text{-}LBP_s$ 集合中的下标。

4.6.4 AdaBoost 学习

在实际情况下,一个视频图像行人样本能够找出超过 180 000 个 Haar-like 特征[30],而 MB-LBP 也同样如此。虽然 Haar-like 和 MB-LBP 所对应的特征值都可以借助积分图技术很高效地求出,但是特征的总数量远远超过了图像像素数量。面对如此庞大的数目,如果对每一个行人样本都计算所有的特征值显然是一个非常耗时的过程。因此,最好的方法就是能够从这个庞大特征集中找出一个具有区分性的特征小集合构成分类器,那么可以减少很多无效的计算量。

AdaBoost 学习方法正是这样的一种方法,在选定一类特征集和一个样本集(包含正样本和负样本)情况下,它能够学习出一个有效的分类器。传统的 AdaBoost 是一种贪婪算法,它是对一群弱分类器进行学习组合,然后挑选出经过加权后具有最大分类能力的一组弱分类器,然后将他们构造成一个强分类器。构建强分类器只需要每一个弱分类器的分类准确率稍微大于50%,从而使得这个方法能够比较容易实现。

基于这个思想,AdaBoost的训练算法步骤为:给定一组分类函数和一组训练样本,开始所有的样本都具有相同的权重;然后训练第一个弱分类器$h_1(x)$(分类函数),训练结束后根据样本的区分性对所有的样本重新赋予一个权值,假如样本被判别为正确,则权重会减小;假如样本被判别为错误,则权重会增加。这个权重也是样本在下一轮弱分类器训练中被选中的概率,因此AdaBoost是聚焦于难以区分的样本上。这一轮学习结束后也会根据每个分类器$h_1(x)$的准确率相应地赋予其新的权值。沿着这个思路训练第2至T个弱分类器,最后,这T个弱分类器以他们的权重作为重要性比例构成一个AdaBoost强分类器。

算法4-1:AdaBoost训练原理

I. 给定一组学习样本$(x_1,y_1),\cdots,(x_n,y_n)$,$x_i$代表样本集,$y_i=0$代表正样本,而$y_i=1$代表负样本;给定一组分类函数$h_j$。

II. 初始化样本权重$\omega_{1,i}=1/2m,1/2l$,分别对应于$y_i=0,1$。其中m和l分别表示正样本和负样本的数量。

III. For $t=1,\cdots,T$。

①归一化权值,$\omega_{t,i}\leftarrow\dfrac{\omega_{t,i}}{\sum_{j=1}^{n}\omega_{t,j}}$,因此$\omega_t$为样本的概率分布函数。

②对于每一个特征,计算样本的分类函数h_j,并且计算分类误差:

$$\varepsilon_j=\sum_i\omega_i\left|h_j(x_i)-y_i\right|$$

③选择误差最小ε_t的判别函数作为第t级的分类器h_t。

④更新样本权值,$\omega_{t+1,i}=\omega_{t,i}\beta_t^{1-e_i}$。

其中,当样本x_i被判别为对的目标时,$e_i=0$;当被判别为不对的目标时,$e_i=1$且$\beta_t=\dfrac{\varepsilon_t}{1-\varepsilon_t}$。

Ⅳ. 最终的强分类器表达式为：

$$h(x)=\begin{cases}1, & \sum_{t=1}^{T}\alpha_t h_t(x) \geqslant \frac{1}{2}\sum_{t=1}^{T}\alpha_t \\ 0, & 其他\end{cases}$$

式中，$\alpha_t = \log\frac{1}{\beta_t}$。

4.6.4.1 分类函数

前面已经确定了分类器的学习方法，如何利用这个方法在那么庞大的Haar-like 和 LBP 特征集中选择出一个小的特征集，这时就可利用分类函数的功能。如果把每一个分类函数映射到一个特征集，那么 AdaBoost 算法就是挑选出对正样本和负样本最具分类特性的小特征集合。分类函数可以定义如下：

$$h_j(x) = \begin{cases}1, & p_j f_j(x) < p_j\theta_j \\ 0, & 其他\end{cases} \tag{4-11}$$

式中，$f_j(x)$表示特征值；θ_j 代表阈值；p_j 是对不等式的符号进行校正。

4.6.4.2 分类器的级联

前面分别介绍了 Haar-like 和 LBP 特征，并采取 AdaBoost 学习算法获得一种行人头部判别器的训练原理。实验效果也证明了该分类器在行人目标检测中非常有效。但是，它的计算量却还是无法达到实际应用的目标。这是由于分类器通过增加特征的数量来提高分类的检测性能的训练过程，而每增加一个特征将会相应地增加检测的计算量。文章[32]实验结果表明了一个包含 200 个特征(即 200 个弱分类器)的强分类器扫描一帧 384 × 288 像素大小的图片需要 0.7s。目前，视频大部分都是 24 帧/秒，而且大部分相机的拍摄图像大小远远大于 384 × 288 像素。因此，上面所训练的分类器无法达到系统分析过程实时性的要求。

为了解决 AdaBoost 运行过程效率的实用性问题，级联分类器的概念被

提了出来[30],它的基本思想是待检测行人样本先通过简单的分类器滤掉大部分容易排除的非行人目标样本,然后再通过更加复杂的分类器排除难以区分的非行人目标样本,从而达到更高的准确率。

级联结构实际上把每一个分类器单元用串联方法去构成一个形式更加复杂的分类器。如图 4-18 所示,每一个圆圈表示一个 AdaBoost 强分类器,T 表示样本被判别为行人目标的通道,F 表示样本被判别为非行人目标的通道。当待检测样本进入图 4-18 的串行通道判定过程中,若上一级的区分结果为可能的行人目标,那么该样本会通过 T 通道继续下一级的判定;若上一级区分结果为非行人目标,则该样本会通过 F 通道被剔除掉;最终能够顺利通过级联分类器的才被认为是行人目标。首级分类器仅使用了非常少量的特征,因此该部分能够在保证一定的准确度的情况下取得非常高的判别效率,经过这一次的判定之后大量的非目标样本被快速丢弃。以此类推,越往后级次的分类器需要越强的判别能力,这里主要是通过增加特征的数量来提高分类器的判定性能。级联分类器的整个判定流程实际上是类似退化的决策树,这个方法不仅能够保持非常高的准确率,同时大大地提高筛选的速度。

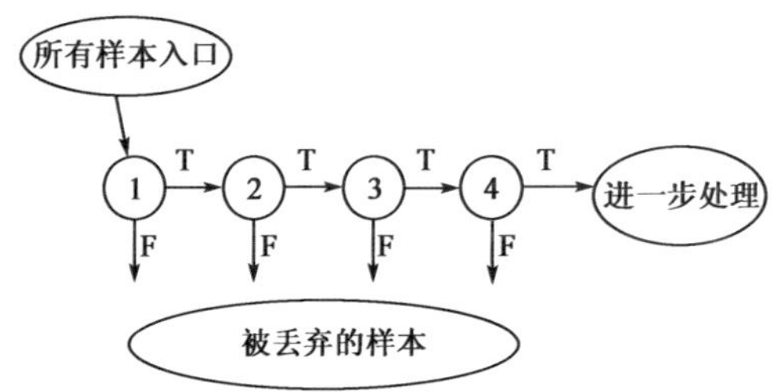

图 4-18　级联分类器的连接方式和检测原理

4.6.4.3　检测过程

行人检测过程其实就是利用已经训练得到的分类器在视频图像帧中查找行人目标的过程,包含了两个关键点:行人头部分类器和检测的策略。

前面介绍了检测行人目标的对象选择。如图 4-19 所示,通常选择行人的头部作为检测目标。其实,也就是选择了行人头部作为正样本,而非包含行人头部的样本是负样本。采用所介绍的 Haar-like 和 LBP 特征把行人样本描述为机器可以识别分类的特征描述子。最后利用所介绍的级联 AdaBoost 方法就可以训练出行人头部分类器。

图 4-19 目标检测搜索示意图

行人检测的方法与分类器的训练过程是类似的。这个过程就是在视频图像中找出所有可能的待检行人样本,然后交给分类器判别该待检行人样本是否为行人目标。具体的实现是用一个尺度可变的矩形框在视频图像帧上进行扫描,如图 4-19 的紫色矩形框所示。矩形框将扫描图像所有可能的位置,且在扫描的过程中矩形框有一个突出的特点是它的尺度在不断变化,这是为了适应不同行人的头部或者同一个行人离镜头的远近所引起的大小的变化。通常情况下由于行人的头部类似一个圆,因此,不失一般性,可以用正方框代替矩形框。每一个矩形框所覆盖的图像区域会被裁剪出来作为一个待检样本,然后每一个样本都用相应的特征(Haar-like 或者 LBP)转化为相应的描述子,然后交给行人分类器判别,分类器会输出每一个样本的判别结果,但是判别结果还需要做进一步处理,因为在同一目标的中心周围可能会有多个非常相似的样本被判别为行人目标,可以把相邻的几个样本的几何中心作为目标的中心。

4.7 行人视频跟踪技术应用

4.5 节已经介绍了一个基本的跟踪算法通常包含表面模型、运动模型和搜索策略三个功能模块。本节在这个框架基础上,依据行人跟踪环境提出了一个鲁棒性实时跟踪算法,这个改进算法主要是受到了实时压缩跟踪(Compressive Tracking,CT)[33]算法的启发。

本节引入 CT 跟踪算法,依照基本跟踪算法所包含的三个结构成分——表面模型、运动模型和搜索策略,首先简单介绍了整个跟踪算法的原理和基本设计思路,进而详细介绍每个部分的具体实现细节。4.7.1 以降维的思想建立跟踪目标图像的表面模型,主要采用了随机选取特征点并利用广义的 Haar-like 特征计算相应的特征值,所有特征值所构成的特征向量构成了跟踪目标的表面模型。4.7.2 通过对跟踪目标实际情况的观察,将跟踪目标的运动轨迹描述为匀速直线运动,建立相应的状态方程,并引入了卡尔曼滤波求解状态方程。简单讲解了卡尔曼滤波中预测和校正两个步骤的应用。4.7.3介绍了在得到了跟踪目标粗糙的位置信息之后,搜索跟踪精确位置的方法。这个过程包含利用 1 范数对表面模型进行比较、将卡尔曼滤波器输出的不确定范围作为搜索半径以及根据特征点的几何位置进行加权。

4.7.1 构建思路

CT 方法的基本思路是:采用一个随机感知矩阵将待检测样本图像从高维空间映射到低维空间,然后在低维空间用朴素贝叶斯分类器进行分类。在每一步分类结束后,用跟踪目标新位置的样本信息去对贝叶斯分类器进行更新,整个算法的运行维持了目标模型,并对该模型的变化进行学习和更新。

CT 算法的精髓在于随机感知矩阵,这个矩阵非常稀疏且符合 RIP(Restricted Isometry Property)[34]的要求,因此矩阵转换后的低维信号可以完全保持高维信号的特性。

受 CT 算法的启发,本节提出的跟踪算法同样是对原始跟踪行人图像信号进行降维,把降维后的特征向量作为行人的表面模型;然后采用卡尔曼预测方法对行人的运动轨迹进行建模,搜索阶段是在行人位置的一个局部区域中进行的,搜索策略根据行人表面模型与待检行人样本之间的相似度进行判断;最后把相似度最高的行人样本的位置认定为行人的新位置。

跟踪算法的整体流程图如图 4-20 所示,已知跟踪行人在第一帧图像帧中的位置和尺寸信息，行人头部用一个矩形框所包围的区域表示。首先初始化行人头部的表面模型和运动模型等，跟踪算法采用如下过程进行迭代：根据行人在第 t 帧的估计位置和不确定范围，卡尔曼滤波器利用已经建立的运动模型预测行人在第 $(t+1)$ 帧的估计位置和不确定范围；然后，应用模板匹配的方法在这个不确定范围内搜索行人的真实位置；最后，根据真实行人的位置信息更新卡尔曼滤波器的参数，并用真实行人的特征信息更新表面模型。整个跟踪算法将一直这样迭代，直到满足迭代终止准则才停止跟踪。

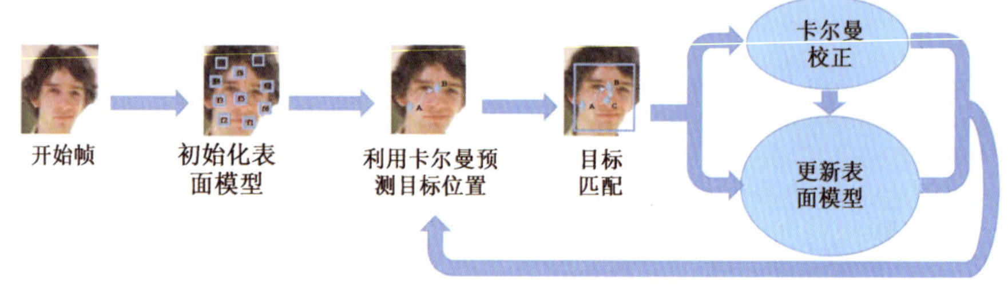

图 4-20　跟踪算法流程图

4.7.2　表面模型

表面模型就是描述跟踪行人目标的一种方法，这种方法有点类似于利用行人目标检测时的特征去描述检测行人目标的方法，但是此方法又有其不同之处。在检测行人的时候，目标描述所表述的是“某一类”行人目标；而在跟踪的时候，行人目标描述是针对“某一个”行人目标而言的，因此，这时候表面模型必须能够很好地刻画出行人目标的特有特征，必须是独一无二的。用矩形框包围的图像区域跟踪行人目标，这个区域所包含的像素点非常多，如果把每一个像素的特征都进行考虑，那么需要以巨大计算量作为代价。

受 CT 算法的启发，可以采用降维的办法描述视频图像，同时又能提高跟踪算法的计算效率。首先在跟踪行人目标的矩形区域内利用均一的概率随机选取一组像素点，如图 4-20 中的初始化表面模型所示。计算这 k 个像素点的广义 Haar-like 特征值，这 k 个特征值构成了一个特征向量 $\boldsymbol{f}_t = [\xi_{1,t},$

$\xi_{2,t},\cdots,\xi_{k,t}]^{\mathrm{T}}$，即表示跟踪行人目标的表面模型。

采用表面模型描述跟踪行人目标特征的原因有如下3点：一是行人目标在一个区域中行走时，行人目标的尺度变换不大，在整个行人目标跟踪的过程中，特征点与特征点之间的相对几何位置保持不变，符合实际；二是特征点是随机选择的，并非根据某一个特定的行人目标选择，因此它能够更加广泛地去描述一类跟踪行人目标，即这个描述方式有更好的推广能力。实验表明当选择的特征点的数目足够大时，如 $k=40$，跟踪结果能达到非常好的性能；三是特征模板的随机选取过程只需在首次跟踪时产生，之后特征模板可以一直被应用到跟踪的整个过程中，无须对同一个行人目标再次生成。这样不仅操作简单而且计算量少，也能够加速表面模型的更新。

特征向量 $\boldsymbol{f}_t=[\xi_{1,t},\xi_{2,t},\cdots,\xi_{k,t}]^{\mathrm{T}}$ 表示跟踪目标在第 t 帧时的表面模型，$\xi_{i,t}$ 则表示第 t 帧的表面模型中的第 i 个元素，k 是表面模型中特征点的总数。采用广义的 Haar-like 计算得到每一个元素的特征值 $\xi_{i,t}$。选择这个特征的初衷一方面是这个特征已经在较多行人目标识别中得到应用并且取得了非常不错的效果；另一方面这个特征计算可以直接利用行人检测中间得到的积分图，只需简单的加减法计算就可以高效地得到特征点。

4.7.3 运动模型

前面提到行人目标的检测和跟踪过程都只在一个感兴趣区域（ROI，Research of Interest）中进行。由于在行人目标统计中 ROI 是一个非常小的局部区域，因此在行人目标跟踪的过程中，行人目标的运动轨迹实际上是非常短而且路线类似一条直线。为保证不失一般性，行人目标的运动过程可以近似为匀速直线运动。令行人目标在 t 时刻的位置为 $\boldsymbol{I}_t=[u_t,v_t]$，$u_t$、$v_t$ 分别代表行人目标在水平和垂直方向的坐标，则行人目标的运动方程可以表示为如下形式。

$$\boldsymbol{I}_t=\boldsymbol{I}_{t-1}+\Delta\boldsymbol{I}_{t-1}\boldsymbol{\tau}+\boldsymbol{w}_t \tag{4-12}$$

式中，$\boldsymbol{w}_t=[w_{u,t},w_{v,t}]^{\mathrm{T}}$，$w_{u,t}$、$w_{v,t}$分别是水平和垂直方向的近似误差且被假设为均值是0、偏差为σ_w^2的高斯噪声；$\Delta \boldsymbol{I}_{t-1}=[\mathrm{d}u_{t-1}/\mathrm{d}t,\mathrm{d}v_{t-1}/\mathrm{d}t]^{\mathrm{T}}$表示行人目标的运动速度；$\tau$表示单位时间。在实际过程中，行人目标的运动速度会随着跟踪过程不断变化，因此，时刻t的速度认为是时刻$t-1$的速度的一个噪声项：

$$\Delta \boldsymbol{I}_t=\Delta \boldsymbol{I}_{t-1}+\mathrm{d}w_t \tag{4-13}$$

式中，$\mathrm{d}w_t=[\mathrm{d}w_{u,t},\mathrm{d}w_{v,t}]^{\mathrm{T}}$是速度噪声项；$\mathrm{d}w_{u,t}$、$\mathrm{d}w_{v,t}$分别是速度在水平方向和垂直方向的噪声分布项，它们都是均值为0、偏差为σ_{dw}^2的高斯噪声。

假如$\boldsymbol{x}_t=[u_t,v_t,\mathrm{d}u_t/\mathrm{d}t,\mathrm{d}v_t/\mathrm{d}t]^{\mathrm{T}}$作为状态向量，把跟踪行人目标的观测值$\boldsymbol{I}_t$看作$\boldsymbol{z}_t$，那么可以很容易得到以下的状态模型。

$$\boldsymbol{x}_t=\boldsymbol{A}\boldsymbol{x}_{t-1}+\boldsymbol{n}_t \tag{4-14}$$

$$z_t=\boldsymbol{H}\boldsymbol{x}_t+\boldsymbol{m}_t \tag{4-15}$$

式中，随机噪声$\boldsymbol{n}_t=[w_t^{\mathrm{T}},\mathrm{d}w_t^{\mathrm{T}}]^{\mathrm{T}}$是协方差为对角矩阵$\boldsymbol{Q}=\mathrm{diag}\{\sigma_w^2,\sigma_w^2,\sigma_{dw}^2,\sigma_{dw}^2\}$的过程噪声；$\boldsymbol{m}_t=[m_{u,t},m_{v,t}]^{\mathrm{T}}$是均值为0、协方差为$\boldsymbol{R}=\mathrm{diag}\{\sigma_m^2,\sigma_m^2\}$的测量噪声项；$m_{u,t}$和$m_{v,t}$分别是水平方向和垂直方向的测量噪声项；而状态转移矩阵$\boldsymbol{A}$和测量矩阵$\boldsymbol{H}$具体取值如下所示：

$$\boldsymbol{A}=\begin{bmatrix}1&0&\tau&0\\0&1&0&\tau\\0&0&1&0\\0&0&0&1\end{bmatrix} \tag{4-16}$$

$$\boldsymbol{H}=\begin{bmatrix}1&0&0&0\\0&1&0&0\end{bmatrix} \tag{4-17}$$

从以上的状态空间模型可以知道，跟踪的任务是通过噪声观测$\boldsymbol{z}_t$来估计状态$\boldsymbol{x}_t$。该状态模型是一个线性模型并且噪声是高斯分布，因此卡尔曼滤波器正是求解这个问题的最佳的优化估计器[35]。卡尔曼滤波的两个关键步骤分别如下：

预测步骤：

$$\hat{\boldsymbol{x}}_t^- = A\hat{\boldsymbol{x}}_{t-1}^- \tag{4-18}$$

$$\boldsymbol{P}_t^- = \boldsymbol{A}\boldsymbol{P}_{t-1}\boldsymbol{A}^{\mathrm{T}} + \boldsymbol{Q}' \tag{4-19}$$

式中，$\hat{\boldsymbol{x}}_t^-$ 代表状态 x_t 的预测；矩阵 $\boldsymbol{P}_t^-$ 代表着$\hat{\boldsymbol{x}}_t^-$ 的协方差矩阵，而矩阵 P_t 代表着$\hat{\boldsymbol{x}}_t$ 的协方差矩阵。预测步骤实际上是用$\boldsymbol{x}_{t-1}$的优化估计状态变量 $\hat{\boldsymbol{x}}_{t-1}$，从而估计跟踪行人目标在第 t 帧中的状态。

而在给定观察变量 $\boldsymbol{z}_t$ 的情况下，校正步骤能够用来估计优化的状态$\hat{\boldsymbol{x}}_t$，如下所示。

校正步骤：

$$\hat{\boldsymbol{x}}_t = \hat{\boldsymbol{x}}_t^- + \boldsymbol{K}_t(z_t - \boldsymbol{H}\hat{\boldsymbol{x}}_t^-) \tag{4-20}$$

$$\boldsymbol{P}_t = (\boldsymbol{I} - \boldsymbol{K}_t\boldsymbol{H})\boldsymbol{P}_t^- \tag{4-21}$$

$$\boldsymbol{K}_t = \boldsymbol{P}_t^-\boldsymbol{H}^{\mathrm{T}}(\boldsymbol{H}\boldsymbol{P}_t^-\boldsymbol{H}^{\mathrm{T}} + \boldsymbol{R})^{-1} \tag{4-22}$$

式中，$\boldsymbol{K}_t$ 是卡尔曼增益矩阵；$\boldsymbol{P}_t$ 是估计状态向量$\hat{\boldsymbol{x}}_t$ 的协方差矩阵。

从行人运动跟踪的角度看，卡尔曼滤波的预测和校正两个步骤分别对应着对跟踪位置的粗调和微调；在已知第 $t-1$ 视频帧的跟踪行人目标的状态信息的情况下，预测过程首先估计出行人目标的一个粗略的位置$\hat{\boldsymbol{x}}_t^-$ 和一个不确定范围（协方差矩阵 $\boldsymbol{P}_t^-$）。行人目标位置不确定性采用了以均值为$\hat{\boldsymbol{x}}_t^-$、协方差矩阵为 $\boldsymbol{P}_t^-$ 的一个高斯噪声分布。假如可以通过其他手段得到跟踪行人目标的观测位置信息，那么位置的观察信息和预测信息可以用于对估计状态 $\boldsymbol{x}_t$ 进行调整。如图 4-21 所示，B 是行人目标基于上一帧位置 A 得到的预测位置，在经过观察数据 z_t 的微调之后，得到了优化的估计位置 C。

4.7.4　搜索策略

在运动模型中，需要用行人目标观察位置数据来校正预测位置。如何获得行人目标位置观测信息，行人目标搜索和表面模型的匹配即是下面需要介绍的内容。

图 4-21　卡尔曼滤波的运动跟踪过程

4.7.4.1　行人目标搜索

行人目标搜索即在卡尔曼滤波预测的位置附近寻找跟踪行人目标的真实位置。在预测位置的一个半径范围内采集所有可能位置的待检行人样本进行匹配，寻找与跟踪目标匹配度最高的待检行人样本。可以看出，搜索半径是一个比较关键的参数，半径值过大会大大增加待检行人样本的数量，半径值太小又可能找不到行人目标的准确位置。通常，可以进行一些实验获取一个经验值，但是这样并不能得到最优的性能。由于运动模型采用了卡尔曼滤波模型，而卡尔曼滤波恰好提供了一个跟踪行人目标位置信息的不确定范围，因此把这个不确定性范围作为搜索半径比较合理。令 $\boldsymbol{X}$ 为待定的样本，$\boldsymbol{I}_t(\boldsymbol{X})$ 为 $\boldsymbol{X}$ 所在位置的信息。那么限制样本的搜索范围为：

$$\boldsymbol{X}^s = \left\{ \boldsymbol{X} : \| \boldsymbol{I}_t(\boldsymbol{X}) - \boldsymbol{I}_{t-1} \| \leq s \right\} \tag{4-23}$$

$$s = \alpha \sqrt{trace\left\{ P_t^- \right\}} \tag{4-24}$$

式中，α 是参数，起到控制搜索半径的大小的作用，它的值可以被设置为 $0 \leq \alpha \leq 3$。

4.7.4.2　表面模型匹配

表面模型匹配是对跟踪行人目标与待检行人目标相似性的一个度量，是通过表面模型的相似性进行比较，而把相似度最大的那个认为是行人目标的真实位置，如下所示。

$$z_t = I_t\left\{\arg\min_{X \in X'} w^{\mathrm{T}} \times Diff[f_{t-1}, f(X)]\right\} \tag{4-25}$$

式中,f_{t-1}是行人目标在第 $t-1$ 图像帧的表面模型;$f(X)$表示行人样本 X 利用表面模型方法提取得到的特征向量。而两个向量f_{t-1}与$f(X)$的比较操作被定义为它们对应元素差的绝对值,如下所示。

$$Diff(f_{t-1}, f_t) = [\,|\xi_{1,t-1} - \xi_{1,t}|, \cdots, |\xi_{k,t-1} - \xi_{k,t}|\,]^{\mathrm{T}} \tag{4-26}$$

式中,向量 $w = [\omega_{\xi 1}, \omega_{\xi 2}, \cdots, \omega_{\xi k}]^{\mathrm{T}}$ 是特征点的加权向量,这里 w 的具体实现选择高斯模型,如下所式。

$$\omega_{\xi i} = e^{-\frac{|i-u_c| + |j-v_c|}{\varepsilon \times (w+h)}} \tag{4-27}$$

其中,(i,j)是特征点的坐标,(u_c, v_c)是大小(w,h)的矩形样本的中心,ε 是一个调整常数。加权向量能够有效地对每一个特征点的贡献程度加以区分。跟踪行人目标是由一个矩形框包围的区域,但是这个行人目标的边界实际上是无规则的,因此矩形框并不能够完全表示跟踪行人目标,这样直接导致的结果就是随机得到的矩形特征点不一定在跟踪行人目标上。此时,根据加权向量对特征点的贡献程度加权就显得非常必要。

从图 4-22 中可以很直观地看出,加权函数是一个类似高斯分布的函数,中心权重高而周围权重低。这是因为越接近于矩形中心的特征点就越可能落在跟踪行人目标上,而离中心点越远的特征点就越可能落在背景图像上。这也是为何采用类似高斯模型的加权模型的原因。

至此,整个跟踪算法包含以下步骤,首先初始化跟踪行人目标的表面模型,然后对每一个视频图像帧基于卡尔曼滤波建立运动模型,预测和搜索跟踪行人目标的真实位置,不断迭代。

算法 4-2:跟踪算法

已知:目标的初始位置 I_0;初始化特征模型 $f_0 = \{\xi_1, \xi_2, ..., \xi_k\}$;初始化卡尔曼滤波的状态向量 x_0、噪声协方差矩阵 R 和 Q。

I. For $t=1$ to K do。

II. 利用式(4-18)和式(4-19)预测状态向量 x_t^- 和先验协方差矩阵。

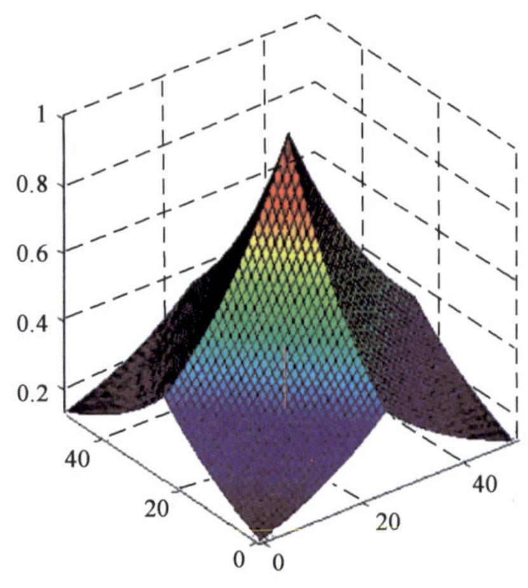

图 4-22　加权函数三维图形显示

Ⅲ. 搜索匹配的目标样本 $X_t = \arg\min_{X \in X^s} \boldsymbol{w}^{\mathrm{T}} \times Diff[\boldsymbol{f}_{t-1}, \boldsymbol{f}(\boldsymbol{X})]$，求其对应的位置。

$z_t = \boldsymbol{I}_t(\boldsymbol{X}_t)$；$\boldsymbol{X}^s = \{\boldsymbol{X}: \| \boldsymbol{I}_t(\boldsymbol{X}) - \boldsymbol{I}_{t-1} \| \leqslant s\}$。

Ⅳ. 根据 z_t 和式(4-20)～式(4-22)，校正卡尔曼滤波的预测位置。

Ⅴ. 根据卡尔曼滤波器的输出状态 $\hat{\boldsymbol{x}}_t$，更新目标的位置 $\boldsymbol{I}_t$，更新其的表面模型。

$\boldsymbol{f}_t = \boldsymbol{f}(\hat{\boldsymbol{X}}_t)$，由 $\hat{\boldsymbol{X}}_t$ 中心点估计优化目标位置为 $\boldsymbol{I}_t$ 的样本。

Ⅵ. end for。

4.8　行人计数

目前，有很多行人计数的方法[36-38]，行人计数方法实际上是结合了行人检测和行人跟踪这两方面的技术。首先，利用行人检测器识别出行人目标，但是识别出行人目标还不能够实现行人计数，以下情况会影响行人计数的准确性：一是同一个行人目标可能会在视频中多个图像帧中出现，那么行人目标会被检测器多次检测，从而导致同一个行人目标会被多次累计的结果；二

是在同一时间出现多个不同的行人目标的情况下，不同的行人目标得不到很好的区分，导致检测不精确，区分不开的行人被计为一个人而导致少计。因此，需要解决的问题是如何锁定一个多次出现的行人目标和如何区分不同的行人目标，行人跟踪的引入使得这两个问题迎刃而解。行人检测和行人跟踪相结合统计行人目标的思路实际上模拟了人的大脑统计的方式，是一个比较合乎常理同时计数结果比较精确的行人计数方法。

视频处理的一个很突出问题就是实时性，因为视频图像帧的尺寸和各种操作大大增加了算法的计算量，在很多情况下，行人检测与跟踪技术虽然已经在很大程度上进行了优化，但是多目标、大尺寸的视频图像帧依然难以实现实时运行。在视频图像的可见区域内可选择一个感兴趣区域（ROI，Region of Interest），如图4-23中的黄色框的区域所示。

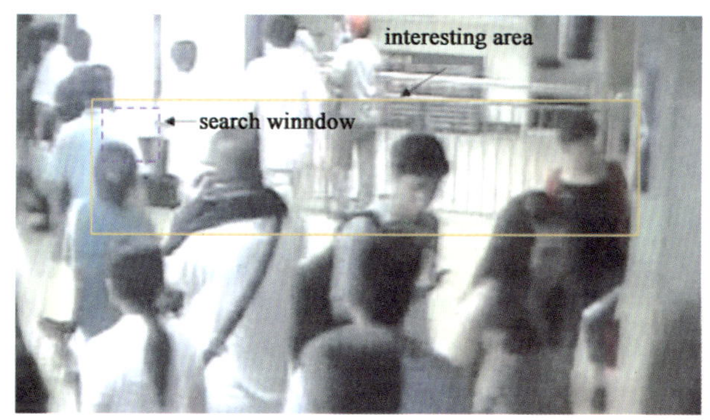

图4-23　ROI设置

ROI的宽度可以覆盖整个行人通道，而高度可以是$2d$，d为行人头部的直径大小。ROI规格的设置是为了保证所有通过的行人目标都可以被检测到，同时最大限度地让ROI的区域最小。

ROI的设置可以大大提高行人计数的准确率和降低算法的计算量。ROI在行人计数算法运行前、初始化后，行人检测和行人跟踪算法都只在ROI中进行。因此，检测区域被限制在一个很小的范围内，大大减少了采集的待检样本的数目和缩小了扫描窗口尺度的变化范围，同时，缩小的范围使目标跟踪的距离减小,以上两方面能够立竿见影地削减大部分多余计算量。大部分复杂背景的干扰都在 ROI 区域之外,这给检测和跟踪提供了一个有利的条件,因此也在一定程度上提高了行人计数的准确度。

基于上面配置,行人计数的流程图可如图 4-24 所示。

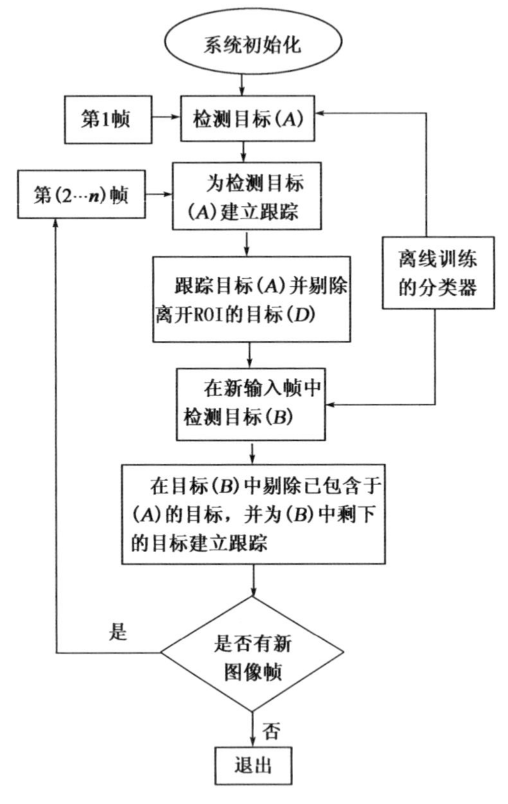

图 4-24　算法流程图

行人计数的基本思路如下:当检测器检测到行人目标进入 ROI 区域时,跟踪器对该行人目标建立跟踪;如果跟踪器发现有行人从 ROI 中离开,则对计数器加 1,详细处理步骤描述如下:

算法 4-3:行人计数算法

I. 系统进行初始化:行人计数器 count 设置为 count = 0;跟踪目标集合 A,

设置为 $A=\varnothing$;设置 ROI 区域;利用第 2 章所介绍的方法离线学习一个头部的分类器。

II. 抓起第一帧图像帧,对图像帧 ROI 区域执行检测器;将检测到的 n_A 个行人目标添加到集合 A 中,并对集合 A 中的所有元素都建立跟踪;把计数器的值设置为 $\text{count}=n_A$。

III. 抓取新的图像帧,对集合 A 中的每一个元素执行跟踪,并找出离开 ROI 的元素集合 D,更新集合 A 为 $A \leftarrow A-D$。在图像帧的 ROI 区域执行目标检测器,标记检测的目标集合 B,此时集合 B 中很可能有一部分元素在此前被检测到并且已经包含于 A 中,因此把他们找出来。本算法采用一个目标匹配方法来找出 B 中已经被包含于 A 的集合 C,更新集合 B 为 $B \leftarrow B-C$,则留在 B 中的元素是新进入 ROI 区域的目标集合。对 B 的所有元素建立跟踪,并且把 B 的元素加入 A,$A \leftarrow A+B$;更新计数器为 $\text{count} \leftarrow \text{count}+n_B$。

IV. 判断是否有新的视频帧,若有则跳到第 III 步,若无则退出。

在算法的第 III 步中提及目标匹配,这里采用的是一个简单但是高效的方法:当集合 A 中的元素 X_A 与集合 B 中的元素 X_B 满足以下条件,则认为这两个目标是同一个目标。

$$|\boldsymbol{I}_t(\boldsymbol{X}_A)-\boldsymbol{I}_t(\boldsymbol{X}_B)|\leqslant p \tag{4-28}$$

$$|height(\boldsymbol{X}_A)-height(\boldsymbol{X}_B)|+|width(\boldsymbol{X}_A)-width(\boldsymbol{X}_B)|\leqslant q \tag{4-29}$$

$\boldsymbol{X}_A$ 和 $\boldsymbol{X}_B$ 分别代表集合 A 和集合 B 中的元素;$height(\boldsymbol{X})$ 和 $width(\boldsymbol{X})$ 分别表示元素的宽和高;上述两个公式说明当两个目标位置距离小于 p 个像素且这两个元素的大小相近,那么这两个目标被认为是同一个目标,同时 A 中目标用 B 中目标的相关信息进行校正。

虽然算法中用到的跟踪算法测试已经很成熟,但是为了提高算法的健壮性,行人计数也对跟踪目标丢失情况做了处理。目标跟踪的感兴趣区域是一个非常窄的区域;其次在行人通道,行人基本上不会在此逗留。因此,应用前可以通过测试一个行人目标以正常的行走速度从进入 ROI 到离开 ROI 的时

间 T;然后在应用中,当一个行人目标在 ROI 区域逗留或者跟踪目标丢失的时间 $t>T$ 时,可以把这个行人目标从跟踪器中去除,并认为这个目标已经离开 ROI。

4.9 案例分析

本节将根据前面所介绍的理论,分别对实验数据进行详细分析。算法的实现基于 Vistual Studio 平台,用的编程语言是 C + + 语言,并且借助了 OpenCV (Open Source Computer Vision Library)[39]库。OpenCV 库是一个集成了比较通用的图像处理算法的函数库,它包括了图像滤波、仿射变换、直方图、运动检测、背景减法特征检测等,以及实现了模块的 GPU 加速版本。库函数经过不断优化和持续更新,算法程序的效率不断提高,并能够实现跨平台的运行,加速了视频图像处理的开发效率,深受广大视频图像处理软件开发者的热爱,并且在很多的行业应用方面取得了非常好的效果。下面讲述的案例分析,其程序主要用 OpenCV 执行图像的读取、显示和分类器的训练等基本操作。

4.9.1 行人检测分类器

为了能够检测和跟踪行人,需要在离线的情况下训练一个两类的分类器。分类器能够区分的两类对象主要是行人头部和非行人头部。因此,首先需要根据应用场景的情况,采集多种类型的图像,尽可能采集大量的样本。然后,再从离线的视频图像中人工裁剪出符合训练要求的样本。裁剪中,将行人头部作为检测目标,因此只含有行人头部的样本就是正样本,不包含行人头部的样本就是负样本。在行人比较聚集的场所拍摄视频,如地铁、超市、广场和机场等行人密集的地方。在这些场景里,拍摄的图像可以借助 ObjectMarker裁剪出正样本和负样本。

裁剪得到的部分正样本,如人的头部、头发,带有发夹的头顶等,如图 4-11所示。

裁剪的部分负样本，如行人的身体部分、墙壁、扶梯、地铁站台屏蔽门等，如图4-25所示。

 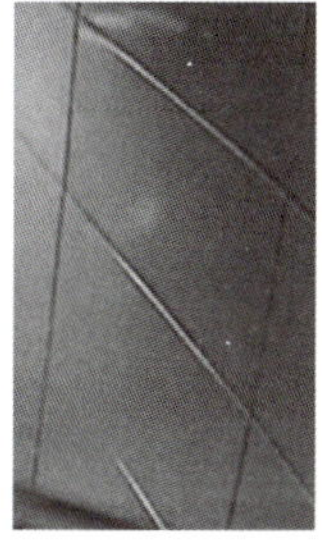 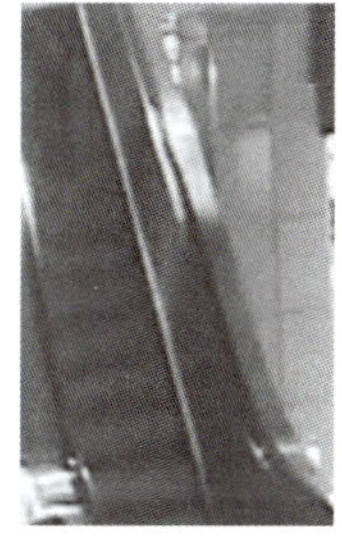  

图4-25　负样本

为了编程的便捷，可以利用OpenCV中提供的可执行文件OpenCV_traincascade.exe。利用这个可执行文件，可以用来训练多个分类器。在进行分类器训练的过程中，由于每个分类器所选用的正样本和负样本各不相同，正样本的尺寸大小也不同。

4.9.1.1　测试数据

为了测试分类器的性能，从互联网上下载了非常经典的视频，重点对行人比较拥挤情况下的视频数据进行测试[40]。在不同的场景下拍摄了两段视频，一段视频是在室外道路一侧的人行道上，另一段视频是在教学大楼拍摄的，视频截图如图4-26(其中紫色圈为部分目标跟踪检测结果)所示。

a)

b)

图4-26　行人视频拍摄图

a)人行道；b)教学大楼

4.9.1.2 训练分类器

通过大量的数据测试,发现了如下现象:

(1)训练时增加正样本的数量,会使训练的时间变长。同时,分类器的检测效率比较低,但检测的准确率会比较高。

(2)训练时负样本的数量相比于正样本的数量要足够多,否则程序会因为找不到误检的负样本而陷入死循环。

(3)正样本尺度越大,训练和检测的时间代价越大,但具有较好的分类性能。在参加训练前,应将所有的正样本缩放到一个统一的尺寸,因为实际应用场景被检测的行人目标的尺寸是未知的,因此缩放后的样本的尺度最好比实际小。在行人样本数量相同的情况下,正样本被分别缩放到了 5×5、10×10、20×20 三个不同尺度。测试实验分别学习这三个尺度下的分类器,并对各种场景下的行人图像进行测试。

(4)结果显示尺度为 5×5 的正样本训练得到的分类器有较高的训练和检测效率,但是漏检和误检的概率比较高。

(5)结果显示尺度为 10×10 的正样本总体上适用于实际应用要求,主要体现在检测效率和检测的准确度上。

(6)结果显示由尺度为 20×20 的正样本得到的分类器的训练和检测时间比较长,难以满足实际应用的需要。

根据综合测试的结果,最终选择把正样本的尺度统一缩放为 10×10。本次案例分析,采集了 6 383 个正样本和 6 439 个负样本参与训练,训练参数设置见表 4-1。

分类器训练参数表　　表 4-1

参　数	值	描　述
-numPos	5 000	正样本的数目
-numNeg	3 000	负样本的数目
-numStages	20	级联的级数

续上表

参 数	值	描 述
-featureType	LBP/Haar	特征类型
-w	10	样本的宽度
-h	10	样本的高度
-bt	GAB	Gentle AdaBoost
-minHitRate	0.995	分类器中每一级的最小命中率
-maxFalseAlarmRate	0.5	分类器中每一级的最大误检率

根据上面的参数,分别训练了两个分类器:基于 LBP 特征和基于 Haar-like 特征;训练在 Intel(R)Core(TM)i53470 CPU 3.20GHz 和 8GB RAM 的机器下进行。训练过程中发现基于 LBP 特征的训练速度明显会高于基于 Haar-like特征的训练。在同等硬件配置和参数设置下,学习一个基于 LBP 的分类器只用了 11h 左右,而 Haar-like 特征用了 39h 左右。当然,除了算法的不同外,分类器的训练速度也与电脑的硬件配置有很紧密的关系。

4.9.1.3 测试结果

在检测前,通过测试发现行人头部平均大小是 30×30 像素左右,由于行人与摄像机距离的远近或者不同行人头部尺度会稍有变化,可以把检测的尺度范围设置为:从 20×20 以 1.1 倍的比例一直放大到 40×40,将这些尺度进行扫描,不仅能够排除大部分非行人目标的待检测样本,同时取得更高的检测准确率。

从图 4-27 和图 4-28 中可以很明显地发现,有部分行人头部被检测到,有部分行人没有被检测到,进一步还可以发现检测到的都是行人的后脑部位,而正面脸部没有被检测到。究其原因很简单,因为分类的训练过程中,参与训练的正样本,如图 4-11 所示,都是摄像机从上往下的角度拍摄得到的样本,且基本没有误检的情况发生。由于此分类器只对头部后脑部位具有分类能力,这可以从另外一个方面说明所训练的分类器是有效的。

图 4-27　LBP 特征分类器检测的结果

图 4-28　Haar-like 特征分类器检测的结果

基于 Haar-like 特征和基于 LBP 特征的分类器性能差别不大，在保证有足够的样本量情况下，理论上 LBP 也可以达到与 Haar-like 同样的检测性能结果。但是所不同的是，基于 LBP 特征的分类器相对于 Haar-like 特征具有更快的运行速度，结果见表 4-2。实验结果表明，基于 LBP 特征的分类在图 4-27中视频尺寸为 640 × 480 像素的情况下能够达到 26 帧/s 左右的检测效率，而基于 Haar 的检测效率在 15 帧/s 左右。在实际应用中，系统的实时性无疑是一个非常重要的性能，因此，为了提高检测系统的性能，最终选择了基于 LBP 特征的分类器。

两个特征分类的检测速度的对比　　表4-2

视频(尺寸)	项目		
	检测参数 ([扫描区间],[递增系数])	LBP (帧/秒)	Haar-like (帧/秒)
Vedio1(640×480)	[(20 20)(30 30)],[1.1]	26.2	15.1
Vedio2(640×480)	[(20 20)(30 30)],[1.1]	26.5	15.3
Vedio3(1 280×720)	[(40 40)(60 60)],[1.1]	27.2	15.6
Vedio4(1 280×720)	[(40 40)(60 60)],[1.1]	26.9	15.2

4.9.2 行人目标跟踪

4.9.2.1 数据选择

为了评估行人目标跟踪算法的性能,选用了多个非常具有挑战性的视频进行了测试,测试的视频分别为Board[41]、car4[42]、David_indoor[42]、trellis[42]、dollar[43]、faceocc[43]、faceocc2[43]、sufer[43]和sylv[43]。对于视频Board、dollar、faceocc、faceocc2、sufer和sylv,视频中被跟踪目标的位置的标准数据由视频作者提供,而对于视频car4、David indoor、trellis和dollar,则是由自己测量得到。为什么选择这9个视频来评估跟踪器的性能呢?原因是这些视频分别包含视频跟踪中各种具有挑战性的特点。根据这些挑战性特点,可以把9个视频分为4类:视频car4、David_indoor、sylv和trellis包含了尺度变化、光照和姿态等的改变;Faceocc和faceocc2有严重的半遮挡情况并且faceocc2还表现出姿态摇晃的特点;视频Board和sufer比较突出的特点是尺度变化和目标旋转;最后的视频dollar中出现了与跟踪目标纹理和尺度相似的干扰目标。

4.9.2.2 评价指标

为了评价所提出的跟踪算法的性能,我们采用了文献[25]中所提出的性能评估方法:平均中心位置误差和成功比例。中心位置误差值是目标跟踪位置和实际位置之间的距离。平均中心位置差就是一个视频所有中心位置差的均值。成功比例指视频中心位置差在一个阈值内的帧数占视频总帧数的比例。跟踪目标的中心位置误差 e_c 和平均中心位置误差 $e_{c\_average}$ 定义如下：

$$e_c = \| \boldsymbol{I}_t - \boldsymbol{I}_{gt} \| \tag{4-30}$$

$$e_{c\_average} = \frac{\sum_t e_{ct}}{n} \tag{4-31}$$

式中，$\boldsymbol{I}_{gt}$ 为跟踪目标位置的标准数据；n 为视频的帧数。

4.9.2.3 测试结果

在这个实验中，特征数目可设置为 $k=40$，可令搜索常数 $\alpha=2$。表 4-3 显示了部分视频的平均位置误差结果。从表中可以看出，这些非常具有挑战性的视频的测试误差还是比较小的。图 4-29 为部分算法对跟踪目标位置的误差图，横坐标是视频的帧数，纵坐标是位置误差，图 4-29 清晰地表明了算法对每一个视频中目标的整体跟踪过程，从图中可以清晰地看到大部分视频的跟踪还是能够取得比较好的结果，位置误差在较长时间内保持较小值。其中，faceocc2 的跟踪结果比较差，从图中可以看出有跟丢的情况发生，这是因为这个视频的跟踪目标有较大角度的旋转，但是这种情况在应用中很少发生，因为在跟踪的过程中，摄像机从行人的头部上方垂直往下拍摄，行人头部的旋转依然是头部，因此，此种情况对本应用环境不会造成影响。图 4-30 显示了各个视频图像的一些中间跟踪结果。从中可以看出在大挑战性情况下，跟踪算法也能取得比较好的跟踪效果，而行人检测的应用环境是一个短暂过程而且运动轨迹类似直线，因此该跟踪算法完全可以达到行人系统的跟踪要求。

平均中心位置差 表 4-3

视频	car4	David_indoor	dollar	faceocc	faceocc2	surfer	sylv
$e_{c\_average}$（像素）	15.2	12.0	8.8	15.3	31.2	11.4	14.1

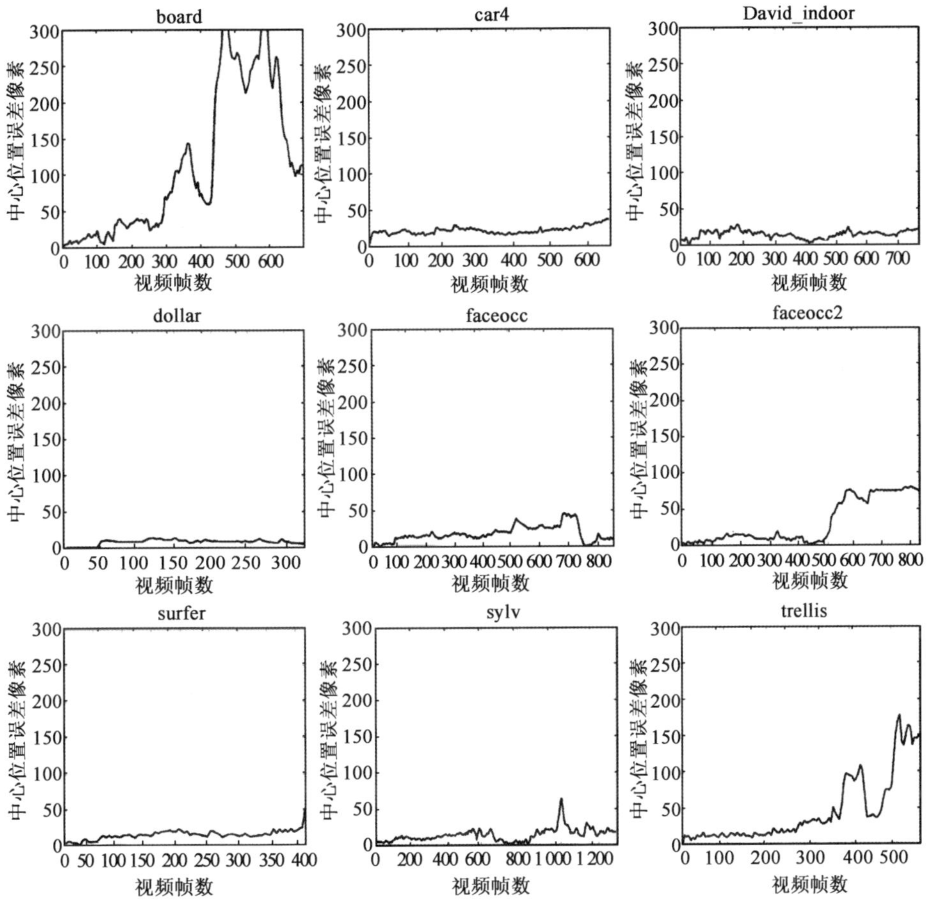

图 4-29　各个视频的位置平均误差

图 4-30 中,红色虚线矩形是目标的真实标准位置,蓝色矩形则代表算法的测试位置,黄色字符表示该帧图像在视频串中所对应的帧数,从上到下测试序列依次是 car4,David_indoor,dollar,faceocc,faceocc2,sufer 和 sylv。

成功跟踪比例是另一个评估跟踪算法有效性的指标,它被定义为跟踪误差在一个阈值范围内的帧数与总视频帧数的比例。成功跟踪比例 $p_{\text{success\_rate}}$ 的计算式如式(4-32)和式(4-33)。

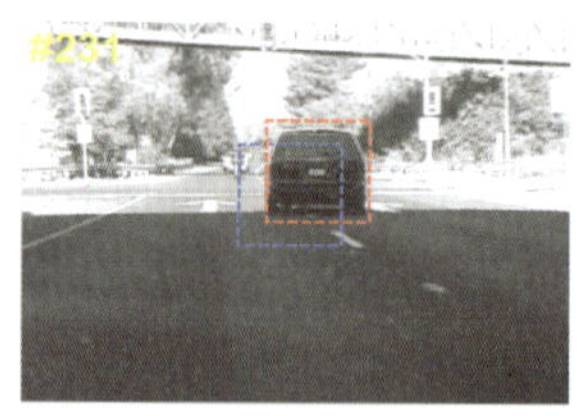

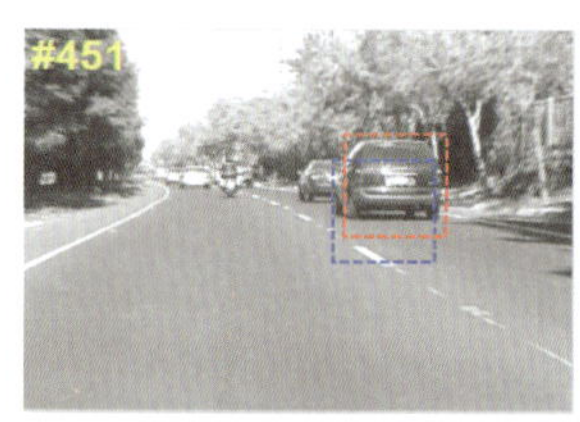

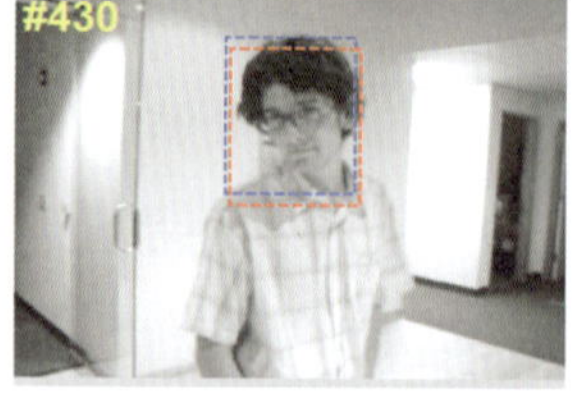

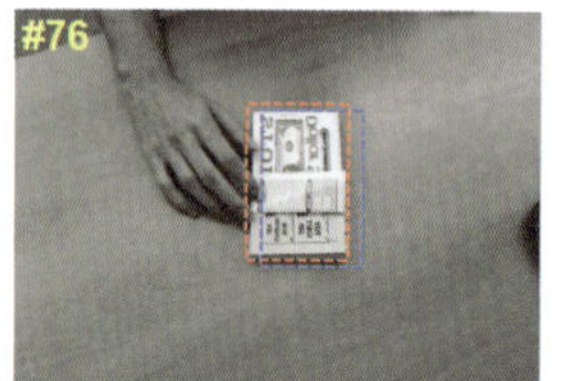

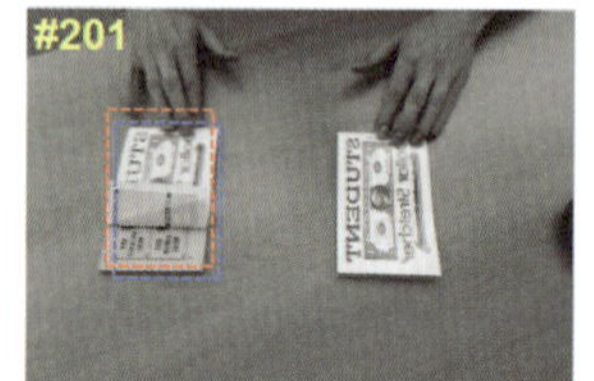

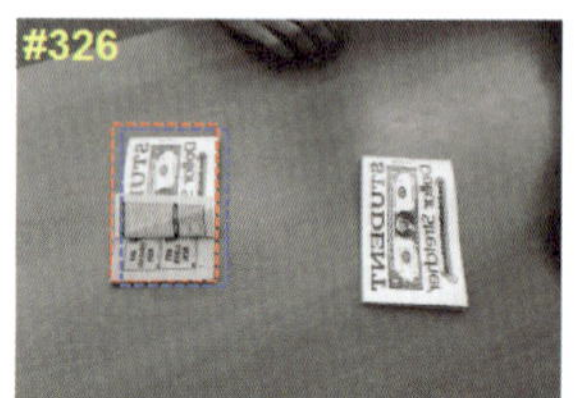

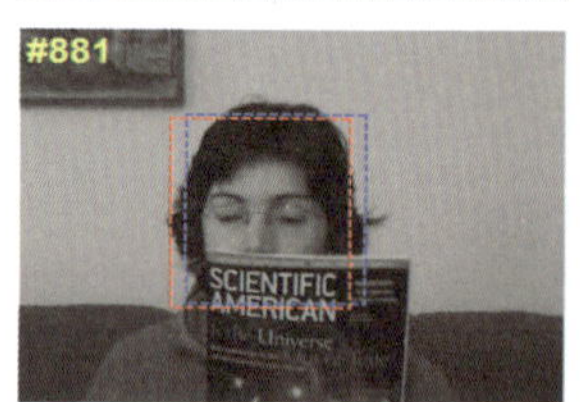

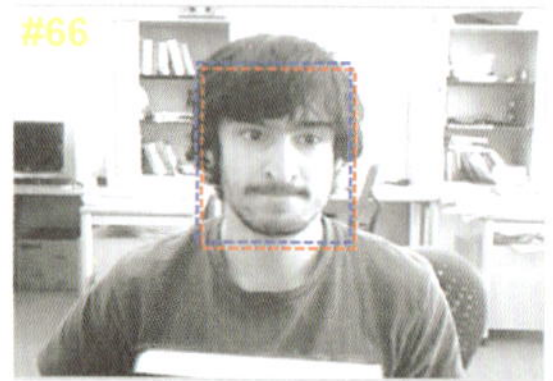

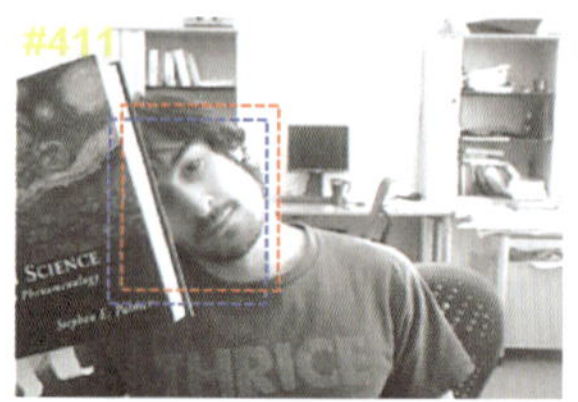

#56
#60

#231

#451

#430

#755

#76

#201

#326

#76
SCIENTIFIC
AMERICAN

#531
SCIENTIFIC
AMERICAN

#881
SCIENTIFIC
AMERICAN

#66

#286

#411

#82

#237

#407

图 4-30

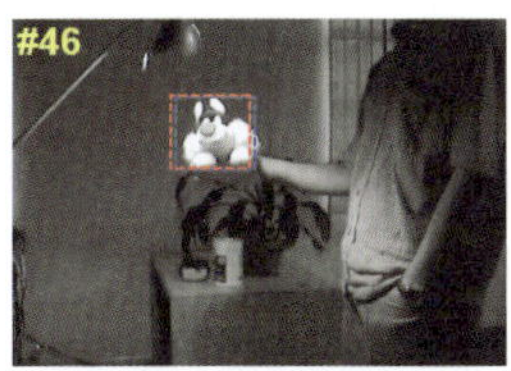

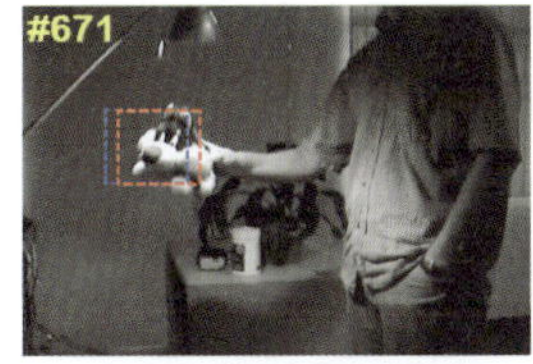

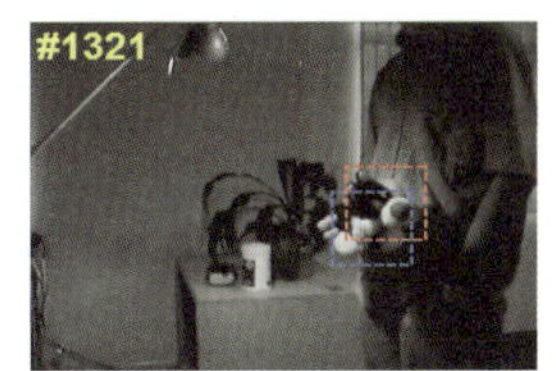

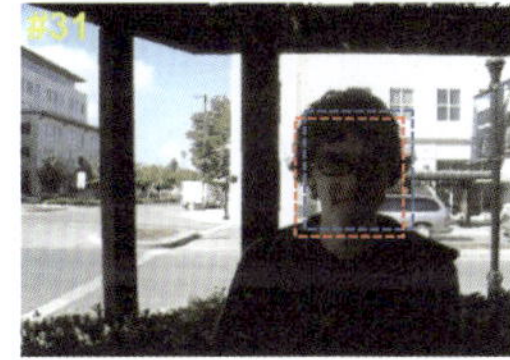

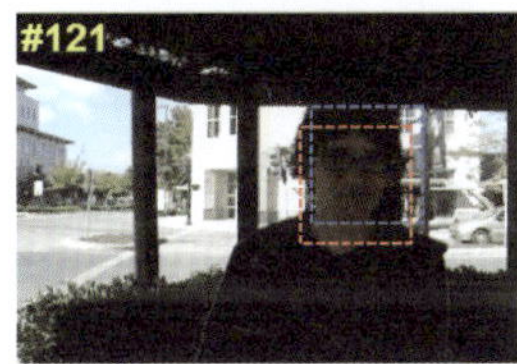

图4-30　跟踪过程的中间结果

$$p_{\text{success\_rate}} = \frac{\sum_{t} \theta(e_{ct} - th)}{n} \tag{4-32}$$

$$\theta(x) = \begin{cases} 1, & x < 0 \\ 0, & x \geqslant 0 \end{cases} \tag{4-33}$$

式中，th 为阈值，在本实验室中，这个阈值取值为 $th = 20$ 像素。

各测试视频的成功跟踪比例结果如表4-4所示。表中数据表明了跟踪算法在每个视频图像中，成功跟踪帧数占整段视频的大部分。以上图表和数据都有力地说明了跟踪算法的有效性和鲁棒性。

各个视频的成功跟踪比例　　　　表4-4

视频	car4	David_indoor	dollar	faceocc	faceocc2	surfer	sylv
$P_{\text{success\_rate}}$	0.40	0.89	1.0	0.64	0.62	0.72	0.81

4.9.3　行人计数系统

行人计数实现了完整的行人数量自动统计的功能，整个系统由硬件和软件构成。本部分将从监控系统的硬件原型、上位机控制平台、行人计数算法性能三个方面进行详细说明。硬件平台是信号的传输通道，可以实现对数据的采集、传输和存储等功能；软件上位机平台控制摄像机的接入、摄像机工作状态的设置和数据查看等功能；行人计数算法是软件的一部分，也是本章算法主体性能的测试重点，因此单独列为研究部分重点介绍。这一部分从算法统计率、计算速度以及和相似方法进行对比等方面对算法进行全面的评估。

4.9.3.1 实验硬件环境

本章所述的行人分析主要针对行人目标流量进行统计，并且利用行人流量估计行人密度。基于视频处理的方法对行人分析是一把双刃剑，既具有优势也充满挑战。视频图像能够比传统的门禁系统获得更多的信息，如行人的行为、相貌、单向和双向客流量等信息，特别在发生事故时，视频信息能够更直观地发现问题、了解真相。而且，视频信息可以从现有基础设施（如视频监控系统）直接获得。下面简单分析了常见的视频监控系统的基本框架。

一个通用监控系统的硬件的配套设施如图 4-31 所示，每一个区域用一个网络摄像机进行监控，网络摄像机负责对数据进行采集，摄像机的安装方式为镜头垂直向下；服务器处理单元获取视频信号，处理和分析并且存储结果；显示单元是一个人机交互的接口，主要功能是设置处理器参数、摄像机参数、查看处理结果和查看摄像机的情况。网络摄像机和处理器直接与交换机相连接，通过对网络参数进行设置，使处理器和网络摄像机处在同一个网段中，这样处理单元和摄像机就构成了一个局域网，处理单元可以通过网络去访问某个摄像机，抓取图片、采集视频信号和帧率等信息。本书介绍了一种基于单摄像机的自动行人数目统计方法，当选择好 ROI 区域，算法可以实现自动检测和跟踪行人目标，并对该目标进行计数。

4.9.3.2 系统的硬件原型

系统硬件原型实际上就是一个把现实观测的场景信息转为机器可处理的数字信息的过程。硬件系统的原型如图 4-32 所示，两个摄像机和 PC 机直接连接至路由器，这样通过 IP 设置后，网络摄像机就跟 PC 机构成了一个局域网络，PC 机通过网络可以与网络摄像机进行通信。

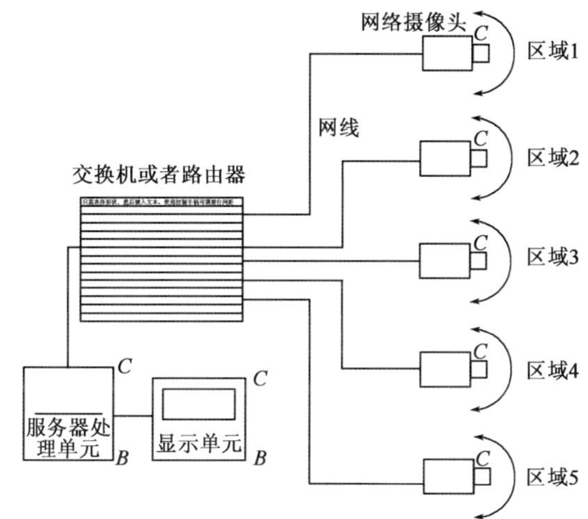

图 4-31　硬件设备配置图

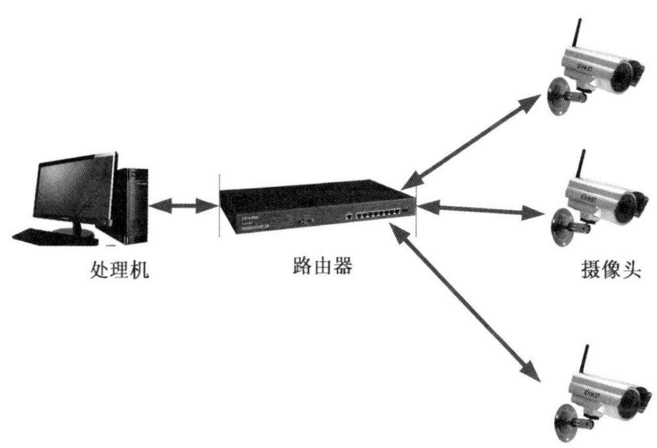

图 4-32　硬件系统原型

摄像机可以根据实际场景的光照强度转换为电信号，常见摄像机包含了网络和模拟两个大类。在实际大型系统，如地铁、飞机场等区域，并不是类似本文这样将区域直接连接至路由器。如果是网络摄像机，其可以直接与交换机相连接构成一个终端网络节点；如果是模拟摄像机，模拟摄像机通常情况下必须先连接至视频服务器，然后在视频服务器完成输出再连接至交换机。模拟摄像机输出的是模拟信号，不能在数字化 PC 机上直接显示存储，而视频服务器实际上是一个模拟数字的转换模块，它能把模拟的图像信号转换为数字信号。

实验采用了大华的网络摄像机，它具有存储功能、网络监视和网络管理等特性。

PC 机在实验中不仅充当客流统计服务器，同时也具有客户端的功能。PC 机运行上位机控制软件，负责处理获取的每个摄像机的视频信息、处理信号和存储结果，同时控制软件可以查看监视每一个摄像机区域的统计情况，这是目前很多小型系统，如超市、公司等会选择的处理方式。高速公路、地铁装有成百上千个摄像机，服务器 CPU 无法处理所有摄像机拍摄的图像，同时处理的速度也无法满足需要，而且视频的超大数据量会给网络的传输造成超大的负担，功耗方面也是系统不可忽视的问题。目前采用摄像机终端添加独立嵌入式模块进行处理，摄像机和嵌入式模块集成到一起构成终端节点，行人分析算法载入到嵌入式模块中，摄像机采集到的视频信息直接由终端处理模块进行行人图像的分析，然后把分析后的结果如行人数目、时间、行人密度等信息上传至终端服务器。这种处理方式解决了服务器无法同时处理成百上千个摄像机的问题，也大大降低了系统的功耗，其是以添加终端模块作为代价换取了系统的性能。

4.9.3.3 上位机软件控制平台

上位机软件控制平台是服务器平台的控制软件，它负责整个行人视频监控系统的集中管理，监测所有摄像机的运行状态、计数结果、场景画面和参数的设置等。

如图 4-33 所示，左边面积比较大，矩形空白区域是画面显示窗口，这个窗口可以展现每个摄像机的画面、行人计数的中间图像和计数结果。此外，还在系统运行前设置 ROI 窗口。显示窗口的右侧是网络和账号等登录参数设置面板，参数设置选项包含了 IP（网络地址）、Port（端口号）、User（用户名）和 Password（密码）4 个，当输入以上 4 个参数后点击 Login，即可注册相

应的摄像机;而对已经启动的摄像机点击 Logout,即可进行注销。参数设置面板下面是控制面,摄像机被成功注册后会被自动地添加到 Camera 下拉菜单中,通过选择菜单中的摄像机就可以对摄像的统计画面进行接入和 ROI 设置。Play 和 Stop 两个按钮分别控制图像画面的播放和停止。GetROI 和 FinishROI 分别控制 ROI 的开始和结束。

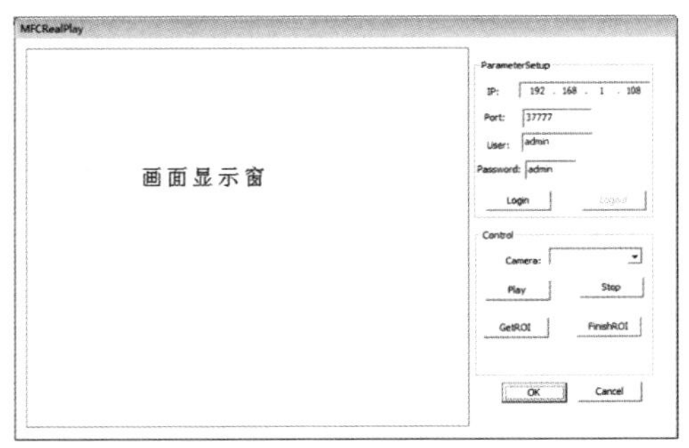

图 4-33　上位机软件控制平台

在这个用户控制软件中,主要包含了图像采集和转换、ROI 设置、统计算法三个处理模块,如图 4-34 所示。

图像采集和转换就是从摄像机获取视频流,此开发过程需要借助厂家所提供的 SDK 开发包。通常情况下获取的图像格式是 H.264,而 OpenCV 并不支持 H.264 的图像格式,因此需要把获取到的图像从 H.264 格式转换为 *YUV* 格式。然后,根据摄像机所拍摄的场景情况选择比较好的统计区域。在前面的工作参数设置等工作完成后,就会启动统计算法对每一帧图像进行检测和行人计数。

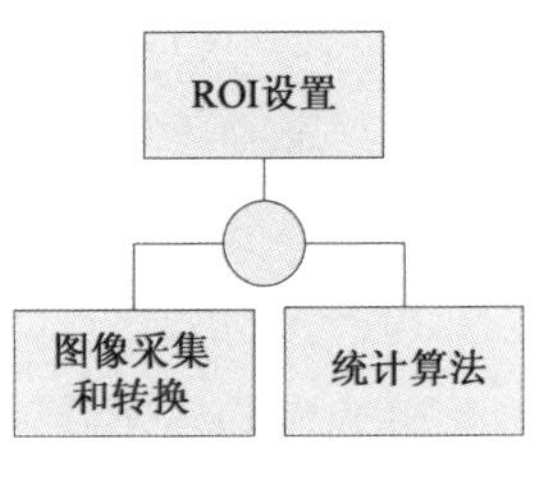

图 4-34　软件的主要模块

在这个过程中软件要同时管理多个摄像机,同时要实现每个摄像机的独立行人计数,程序实现采用多线程并发方式,如图 4-35 所示。当注册一个摄像机时,程序为其开启一个线程,每个线程管理自己的数据,与其他线程互不干扰。线程启动后可以通过 Camera 下拉菜单调取该摄像机的画面、独立设置自己的 ROI 区域、把统计结果写入相应的数据库。如果注销某一个登录的摄像机时,它所对应执行的线程就会被销毁。

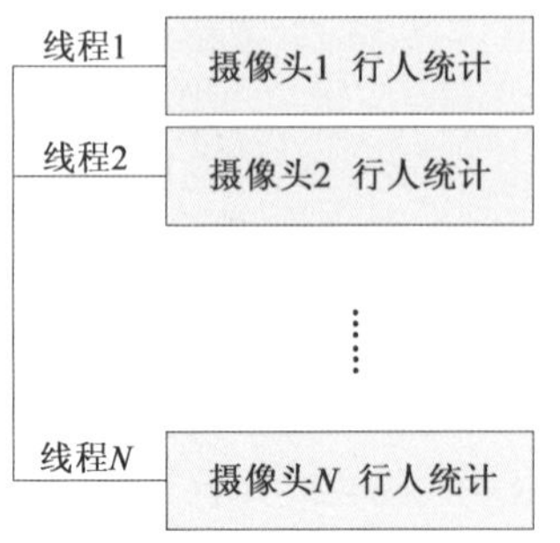

图 4-35 软件采用多线程并发方式

4.9.3.4 行人计数算法的性能分析

行人计数算法的性能用两个指标进行衡量:行人计数的准确度和运行效率。为了验证算法的性能,采用前面提到的在教学大楼拍摄的视频,分别编号为 Video1、Video2、Video3 和 Video4 进行测试。拍摄这 4 个视频时,摄像机镜头与地面的角度接近垂直,其中 Video1 和 Video2 的大小为 640 × 480 像素,而 Video1 和 Video2 的大小为 1 280 × 720 像素。行人计数的中间结果截图如图 4-36 所示,图中蓝色的矩形框为感兴趣区域,紫色圆形框表示该行人被检测到或者处于跟踪状态。从图中可以看出,只有当行人进入感兴趣区域后才会被检测和跟踪,行人计数的结果显示于图像的左上角。

行人计数结果见表 4-5 和表 4-6,这两张表和表 4-2 有所区别。表 4-2 检测过程中是对整幅图像进行检测,而表 4-5 和表 4-6 的统计分析只是在 ROI 区域内进行,行人总数指该段视频中出现的行人目标的总数,是由人工统计的;统计数目则为计数算法软件运行后自动统计的结果;而统计率则为统计数目占行人总数的比例;误检数目是把非行人目标统计为行人目标的数目;漏检数目则是本应该检测但没有被检测到的目标个数。从表中可以看出统计率都在 84% 以上,而误检的数目都为较低值 2。从而说明统计算法能够取得非常高的统计率,同时将误检数目控制得非常低,但是漏检的数目还是相对偏高。

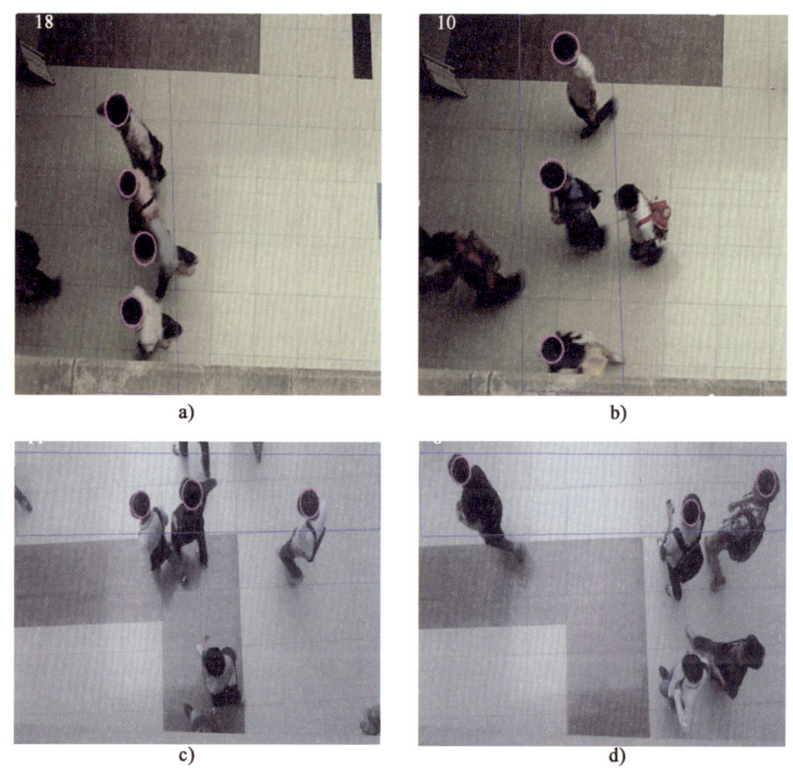

图 4-36　行人计数的中间结果

行人计数结果　　表 4-5

视频(尺寸)	项目			
	行人总数	统计数目 (统计率)	误检数目	漏检数目
Vedio1(ROI)	45	38(84.4%)	2	9
Vedio2(ROI)	43	37(86.0%)	2	8
Vedio3(ROI)	17	15(88.2%)	2	4
Vedio4(ROI)	20	17(85%)	2	5

从表 4-6 中可以看出,所提出的行人计数算法在采用 LBP 特征的情况下能够达到 16 帧/s 左右的统计速度,这是在 Intel(R) Core(TM) i5-3470 CPU @ 3.20GHz 和 8GB RAM 下的运行结果,电脑配置不对等的机器的执行结果可能有所差别。

行人计数算法的统计速度　　表 4-6

视频(尺寸)	项　目	
	检测参数 ([扫描区间][递增系数])	LBP (帧/秒)
Vedio1(ROI)	[(20 20)(30 30)],[1.1]	16.2
Vedio2(ROI)	[(20 20)(30 30)],[1.1]	16.7
Vedio3(ROI)	[(40 40)(60 60)],[1.1]	17.2
Vedio4(ROI)	[(40 40)(60 60)],[1.1]	17.3

为了评估行人计数算法统计结果的性能,将与本方法相似的由 Irshad Ali 和 Matthew N. Dailey[40]提出的方法(以下简称 ALI 方法)进行比较,该方法是采用 AdaBoost 学习方法训练的一个基于 Haar-like 特征的行人头部分类器。这个分类器与本书提出的方法有所区别,这个方法训练样本是采集各个角度所拍摄的行人头部图像,检测后,该方法采用粒子滤波对检测目标进行跟踪,每一次跟踪后又利用分类器对跟踪位置的目标进行校验,确定其是否为行人头部,如图 4-37 所示。该方法的漏检数目比较低但是误检率比较高,有较多的红色框并非行人目标。

图 4-37　ALI 方法的中间结果图

注:红色框表示该方法检测到行人目标位置,绿色表示目标的真实位置。

ALI 方法的实验结果表明，在图像大小为 640×480 像素并且每张图像包含 35.35 个行人目标的情况下，该方法能够取得 76.8% 的统计率。本书中所提出的方法可以达到 84% 以上的统计率，因此统计率优于 ALI 方法。另外，在 Intel Pentium 4 2.8GHz 和 2GB RAM 的机器配置下，ALI 方法的处理速度为 0.5 帧/s，这个结果远低于本书的结果 16 帧/s，这个处理速度跟机器的配置相关性比较大。从以上的分析和比较结果可以看出，本书提出的算法从准确率和速度上都优于 ALI 方法，这个结果也达到了实际应用场景的要求。

4.10　本章小结

生命财产安全是人类一直关注的重点问题，如今视频监控系统越来越广泛地应用于各种公共场合。其中，一个非常普遍的重要应用就是地铁、超市和机场等的行人监控和流量控制，针对这项应用本章利用视频图像处理技术实现行人流量的统计。本章通过大量资料的研究和对目前国内外基于视频的行人研究的发展情况进行了大量调研；对视频处理技术的特点、技术的挑战性、检测技术和跟踪技术做了详细的讨论，最终确定了本章的技术路线，实现了以下方法：

(1) 采用了从行人正上方检测行人头部的策略，用 AdaBoost 的学习方法训练了基于 LBP 特征的行人头部分类器，并介绍了分类器的检测方法。

(2) 依据跟踪算法的组成模块——表面模型、运动模型和搜索策略，提出了一个基于特征匹配的跟踪方法；结合实际应用把行人的运动看成匀速直线运动，建立状态方程并且运用卡尔曼预测目标的位置信息，结合表面模型匹配搜索目标。

(3) 实现了视频监控系统硬件基本原型构建，提出行人计数算法的整个流程，并详细说明 ROI 设置在减少计算量、提高检测精度方面所起到的作用，最后介绍了目标匹配的方法。

(4) 在实验部分实现了上位机软件操作系统，可随时监测每个摄像机的行人计数情况;同时做了大量关于目标检测、目标跟踪以及行人计数等方面的实验,对算法的性能进行检测,同时用经典的评估标准进行评估,并与其他方法进行对比。

(5)最后,介绍了一个完整的行人计数系统,统计系统在检测性能、统计率和算法执行效率方面都到达了实际应用的要求。

本章介绍的方法在实验室测试中可以达到行人计数的性能要求,但有待进一步研究以提升方法的应用范围和推广性能。可拓展在下列情况中的应用:受光照稳定和视频图像质量的影响,在地铁或者飞机场由于列车电磁干扰造成电压不稳、灯光闪烁的情况;当像素比较低的摄像机拍摄的行人头部特征比较模糊或者行人头部在地面产生影子等情况。上述情况会影响检测器的性能。本章提出的检测方法能够适用于人与人的身体有互相遮挡的情况,但当行人非常密集时,行人头部被遮挡、行人头部带有帽子或者光头等情况会导致检测失效。另外,程序还有很多需要进行优化之处,可以利用一些计算机算法提高程序的执行效率。

综上,可改进的方面包括在原有方法基础上研究出推广性能更强的检测方法,可以结合多个摄像机进行统计;优化程序算法,提高算法的效率。

本章参考文献

[1] http://www-2. cs. cinu. edu/-vsan/OldVsamWeb/vsamhome. html[N].

[2] Crowd-mags. http://www2. ift. ulaval. ca/muscamags/DNDCROWDMA GS_Project. htm[N].

[3] Cooperation on crowd research. http://policestudies. homestead. com/Euro2004. html[N].

[4] Davies A. C., Yin J. H., Velastin S. A.. Crowd monitoring using image processing[J]. Electron. Commun. Eng. J., 1995, 7(1):37-47.

[5] Velastin S., Yin J., Davies A., et al. Automated measurement of crowd density and motion using image processing[C]. in Proc. IEEE Int. Conf. Inf. Technol., 1994, 127-32.

[6] Yin J. H. , Velastin S. A. and Davies A. C. . Image processing techniques for crowd density estimation using a reference image[C]. in Proc. Asian Conf. Comput. Vis. , 1996, 1035:489-498.

[7] Behave. http://homepages. inf. ed. ac. uk/rbf/BEHAVE/[N].

[8] Prismatica. http://www. transportresearch. info/web/projects/project_details. cfm? ID = 13699[N].

[9] Advisor. http://www-sop. inria. fr/members/Francois. Bremond/topicsText/advisor Project. html[N].

[10] ISCAPS. http://www. iscaps. reading. ac. uk/home. htm[N].

[11] Inria. http://www. inria. fr/rapportsactivite/RA2005/orion/uid1. html[N].

[12] Wren C. R. , Azarbayejani A. , Darrell T. , et al. Pfinder: Real-time tracking of the human body[J]. IEEE Trans. Pattern Anal. Mach. Intel. , 1997, 19(7):780-785.

[13] Haga T. , Sumi K. and Yagi Y. . Human detection in outdoor scene using spatio – temporal motion analysis[C]. International Conference on Pattern Recognition, 2004, 4:331-334.

[14] Elzein H. , Lakshmanan S. and Watta P. . A motion and shapebasedpedestrian detection algorithm[J]. IEEE Intelligent VehiclesSymposium, 2003, 500-504.

[15] Yoon S. M. and Hyunwoo K. . Real-time multiple people detectionusingskin color, motion and appearance information[J]. International Workshop on Robot and Human Interactive Communication, 2004, 331-334.

[16] Han J. and Bhanu B. . Detecting moving humans using color andinfrared video [C]. IEEE International Conference on MultisensorFusion and Integration for Intelligent Systems, 2003, 30:228-233.

[17] Utsumi A. and Tetsutani N. . Human detection using geometricalpixel value structures[C]. Fifth IEEE International Conferenceon Automatic Face and Gesture Recognition, 2002, 34-39.

[18] Viola P. , Jones M. J. and Snow D. . Detecting pedestrians using patternsof motion and appearance[C]. IEEE International Conferenceon Computer Vision, 2003, 2:734-741.

[19] Sidenbladh H. . Detecting human motion with support vector machines[C].

Proceedings of the 17th International Conference on Pattern Recognition, 2004,2:188-191.

[20] Dalal N. and Triggs B.. Histograms of oriented gradients forhuman detection [C]. IEEE Computer Society Conference on ComputerVision and Pattern Recognition, 2005, 1:1063-6919.

[21] Zhang K. and Song H.. Real-time visual tracking via online weighted multiple instance learning[J]. Pattern Recognition, 2013, 46(1):397-411.

[22] Black M. J. and Jepson A. D.. Eigentracking: Robust matching and tracking of articulated objects using a view-based representation[J]. International Journal of Computer Vision, 1998, 26(1):63-84.

[23] Jepson A. D., Fleet D. J. and El-Maraghi T. F.. Robust online appearance models for visual tracking[J]. Pattern Analysis and Machine Intelligence, 2003, 25(10):1296-1311.

[24] Ross D. A., Lim J., Lin R. S., et al. Incremental learning for robust visual tracking[J]. International Journal of Computer Vision, 2008, 77(1-3): 125-141.

[25] Babenko B., Ming-Hsuan Y. and Serge B. Visual tracking with online multiple instance learning[J]. Computer Vision and Pattern Recognition, 2009, 983-990.

[26] Lowe D. G.. Distinctive image features from scale-invariant keypoints[J]. International journal of computer vision, 2004,60(2): 91-110.

[27] Bay H., Tuytelaars T. and Van G. L.. Surf: Speeded up robust features[J]. Computer vision – ECCV, 2006, 404-417.

[28] Lienhart R. and Maydt J.. An extended set of haar-like features for rapid object detection[C]. 2002 International Conference on Image Processing, 2002, 1:885-900.

[29] Papageorgiou C. P., Oren M. and Poggio T.. A general framework for object detection[C]. International conference on Computer vision, 1998, 555-562.

[30] Viola P. and Jones M.. Rapid object detection using a boosted cascade of simple features[C]. Proc. IEEE Conf. Comput. Vision Patt. Recog, 2001, 1: 502-511.

[31] Liao S., Zhu X., Lei Z., et al. Learning multi-scale block local binary pat-

terns for face recognition[C]. in Proc. Int. Conf. Biometrics, 2007,4642: 828-837.

[32] Viola P. and Jones M.. Robust real-time object detection[J]. International Journal of Computer Vision, 2001, 4:34-47.

[33] Zhang K. ,Zhang L. and Yang M.. Real-time compressive tracking[C]. European Conf. on Computer Vision, 2012, 7574:864-877.

[34] Candes E. J. and Tao T.. Decoding by linear programming[J]. IEEE Transactions on Information Theory, 2005, 5(12):4203-4215.

[35] Grewal M. S. and Andrews A. P.. Kalman Filtering:Theory and Practice Using Matlab[M]. John Wiley & Sons, Inc., 2001.

[36] Masoud O. and Papanikolopoulos N. P.. A novel method for tracking and counting pedestrians in real-time using a single camera[J]. IEEE Transactions on Vehicular Technology,2001,50(5):1267-1278.

[37] 何鹏,麻文华,黄磊,等. 实时人数计数系统[J]. 中国图象图形学报, 2011,16(5):813-820.

[38] Berg R. E.. Real-time people counting system using video camera[C].2008.

[39] http://opencv.org/[G].

[40] Ali I. and Dailey M. N.. Multiple human tracking in high-density crowds[J]. Advanced Concepts for Intelligent Vision Systems, 2009,540-549.

[41] http://gpu4vision.icg.tugraz.at/index.php? content = subsites/prost/prost.php[G].

[42] http://www.cs.toronto.edu/~dross/ivt/[G].

[43] http://vision.ucsd.edu/~bbabenko/project\-miltrack.shtml[G].

第5章　车辆视频检测技术

5.1　简介

近年来,随着我国高速公路和城市建设的快速发展,在建设基础设施的同时也安装了大量的监控摄像机。随着经济的持续高速发展,高速公路和城市道路交通量大幅度上升,许多高速公路和城市道路陆续出现了交通量过大、拥堵现象频发、交通事故增多的现象。例如,高速公路节假日免费通行带来的交通量激增现象,城市道路每日的早晚高峰交通拥堵,都给管理部门带来严峻的挑战。面对这些新问题,管理者迫切需要能够对道路交通运行状态进行监测、预警的技术手段,从而能够实时掌握道路交通运行信息,及时快速地对道路异常做出响应和处理,并为后续的管理、决策与服务提供重要依据。

我国大部分的高速公路建立的交通流监测设备(例如线圈检测器、微波检测器等)量少且间隔距离较大,利用断面检测得到的交通流参数来推断路段交通状态存在较大的误差。然而,大部分的高速公路却建立了比较完善的视频监控系统,安装了密集的监控设备,监控设备间隔距离小,在一定程度上实现了无缝监控。为了掌握城市道路的交通状况,交通管理部门通常在城市主干道路上也安装了大量的监控摄像机。因此,从数据源的采集来看,可以充分利用视频数据进行交通流的检测。

近年来,随着模式识别以及人工智能领域的理论突破,视频分析技术在检测率上得到大幅度的提高,已能达到大规模应用的要求。视频图像分析技术已经在交通领域有所应用,能够实现在交通比较畅通的情况下进行车辆计数、速度计算等功能。但是,目前基于视频的车辆跟踪分析法在复杂光照、密

集车流及实时计算等方面存在技术或应用瓶颈,较大阻碍了其实际的应用。本章将介绍基于视频图像处理技术的交通流参数提取方法。

基于视频图像处理技术的交通流参数提取技术能够充分发挥视频兼具监视和检测功能的特点,既能够实现为交通管理中心提供监视功能,同时能够实现交通流参数(平均车速、车道占有率等)采集功能,有利于优化交通管理和应对处置高速公路突发事件,提高高速公路管理与服务的技术水平。

本章的内容安排如下:

5.1 节对车辆视频检测技术的发展及其在我国的应用作了简单介绍。

5.2 节对国内外的研究现状进行分析,引出本章的主要内容。

5.3 节和5.4 节主要介绍了目前常用的基于视频图像处理技术的车辆检测与跟踪算法,通过对这些算法的研究,可以为交通流参数的提取提供重要的理论指导。

5.5 节介绍了摄像机的标定方法。为了提取到实际的车辆速度,首先需要对摄像机进行标定,而目前常用的交通场景中的摄像机标定方法大多数依赖于人工现场操作,极大地影响了标定的效率。本节首先介绍了摄像机的几何模型和传统的标定方法,然后针对交通场景的特殊性以及传统方法的局限性,介绍了一种基于参考图像和路面信息的标定方法。

5.6 节介绍了提取交通流参数的算法,主要分为白天与夜间两种不同的场景。针对白天场景,为了克服高密度交通流状态下使用单辆车辆进行检测和跟踪会造成较大误差的缺点,采用光流法提取交通流参数。在获取车辆速度和路面占有率后,再利用交通流理论来统计高密度交通流情况下的车流量,而对于其他情况,则使用基于脉冲计数器的方法来获取车流量。

5.7 节针对夜间场景,通过统计车灯块质心所在的车道来得到亮度直方图,然后通过定位和匹配前后帧之间的峰值区间来实现车辆的检测和跟踪,从而实现夜间交通流参数的提取。

5.8 节为系统的设计和实现部分。主要介绍了视频图像的采集和交通流参数提取的主要算法流程和具体实现过程，并分析了系统的测试结果。

5.9 节为结论部分，对本章的工作进行了总结，并对系统的相关技术和应用的前景进行了展望。

5.2 国内外研究现状

基于视频的交通流参数提取是智能交通领域的一个前沿研究方向。利用视频图像处理、模式识别和机器视觉等技术来提取交通流参数，相比于传统的交通流检测器（如感应线圈、微波检测器等）的优势体现为：能够节约安装维护成本，无须破坏路面和影响交通，并能够实现多车道监控和多种交通流参数检测的优点。

从 20 世纪 80 年代开始，人们使用图像和视频处理技术来实现车辆的动态检测和跟踪[1-2]。截至目前，我们可以把此类检测算法分为虚拟线圈法和非虚拟线圈法，而跟踪算法的基础是非虚拟线圈法，所以，采集交通信息的视频方法可以分为虚拟线圈法和车辆跟踪法[3]。虚拟线圈法（此类系统如 AUTOSCOPE，TRAFFICAN，ITERIS 等）的工作原理类似于感应线圈检测器，由于该方法仅仅可得到有无车辆通过采样线位置这一唯一的特征值，而丢失了包括车辆宽度、车辆特征和运动轨迹等特征，所以系统的可靠性不高。车辆跟踪法（此类系统如 PEEK）是通过识别出交通场景图像中符合车辆特征的像素，进行图像分割，并依据提取出的特征来匹配前后视频帧中的车辆，从而计算交通参数的方法。该方法除了计算量大的缺点外，特征的提取和跟踪的技术难度较大，且复杂光照条件下的阴影问题、车辆间的遮挡问题等严重阻碍了其在实际场景下的应用[4-6]。

随着计算机视觉的发展，视频交通检测可监视范围广、能获取多种参数、成本低、易于维护等优点更加凸显[7]。事实上，发达国家很早就对视频交通检测予以关注，早在 1978 年，美国加州的 JPT 实验室（加州帕萨迪纳市喷气推进实验室）就提出用机器视觉来进行车辆检测。1991 年，美国加州理工大

学对高速公路上基于视频分析的检测方法进行了综合的评估，对当时现有的车辆检测技术进行了详尽分类。1994 年，明尼苏达运输部为美国联邦公路局进行了更详尽的严格评测，评测结果表明视频检测已经具备了实际应用的准确性[8-10]。由于领先的计算机图像处理及通信技术，发达国家在这个领域一直处于领先阶段。

在众多视频车辆监控系统中，极具代表性的是 1996 年成立的 Citilog 公司的产品。该公司的技术核心是自主研发的动态视频图像背景自适应技术和车辆图像跟踪技术，该技术能够有效消除光照变化、复杂天气以及固体灰尘的影响，提高系统的鲁棒性和稳定性。该公司的系统可以及时检测视野内的交通参数、突发交通事件，辅助进行交通控制等。Citilog 视频事件检测系统除了对交通事故报警之外，还可以对图像进行跟踪，使得交通管理部门不但获得路况信息，而且可以通过保存的视频对交通事故进行分析，达到预测和防范的作用[1]。

图像分析技术已经在交通领域有所应用，能够实现在交通不太密集的情况下进行车辆计数、速度计算等功能。但是，目前基于视频的车辆跟踪分析法在复杂光照、密集车流及实时计算等方面存在技术或应用瓶颈，阻碍了其实际的应用[11-12]。

在技术方面，对交通监控视频图像进行背景建模和物体检测，通过物体跟踪得到的轨迹，计算出物体运动的参数（车辆的加速度、车辆位置的变化率、车辆面积的变化率和车辆运动方向的变化率），通过将这些参数进行加权求和，得到结果作为发生交通事故可能性的度量，如果该值超过了设定的阈值，则判定有交通事故发生，该方法主要适合于十字交叉口的交通事故检测[13-14]。

检测视频图像中的特征点，并通过特征点匹配的方法，实现基于特征点的跟踪，获取交通的宏观参数，宏观参数主要包括车流量、行驶速度、车辆密度以及车辆间距，该方法较适用于获取高速公路的交通参数[15]。

在感兴趣区域(Region of Interest,ROI)算法研究方面,主要是背景差法,通过构造一个背景帧,将当前帧与构造的背景帧相减,获得ROI,然后通过检测ROI来确定车辆信息,这类方法存在的问题是当运动车辆和背景帧灰度值相近时噪信比较大,检测精度比较差[16]。为了解决这个问题,Stauffer等提出了混合Gauss背景建模方法来提高背景差分法的鲁棒性和自适应能力[17-18]。

在车辆检测算法研究方面,通过比较车辆3-D模型与待检测车辆的相似度来确定车辆信息,取得了比较好的结果[19]。将3-D模型的运动分为平移和旋转两部分,然后通过平移和旋转3-D模型来匹配运动车辆,取得了较高的检测精度。但这类方法存在的问题是运算时间较长,难以满足实时交通监控的需求。

传统的交通状态检测判断方式大致有:①比较和模式识别方法(如California算法);②Bayesian统计算法;③交通模型和流量方法(如McMaster算法);④高级事件检测算法。这些方法通常是通过上下游断面的车流量、占有率和延迟时间等参数进行道路交通状态的判断,不能实时、定量化地反映出道路交通的确定状态,存在对事件的响应和处理严重滞后,容易造成大范围、长时间的交通拥堵的缺陷。视频图像具有观察场景直观、信息丰富的特点,因此,利用视频图像分析与参量提取技术进行直观、实时的高速公路动态运行监测极具应用发展潜力。

较之国外的迅速发展,国内基于视频的交通检测起步则较晚,从20世纪90年代,我国才开始关注国际ITS的发展状况。不过大量的学术研究很快推动了这个领域的发展,机器学习与模式识别的诸多理论很快投入到交通检测的应用中。国内比较早的交通检测系统有哈尔滨工业大学的VTD2000,清华紫光的VS3001,上海高德威智能交通系统有限公司的GDW-VD-2002型视频检测器,这些系统采用了先进的图像处理、模式识别技术,实现了对车辆的动态实时跟踪,并具有进一步获取全面的交通参数的功能。在实际运行中,国内的视频交通检测系统尚未得到大范围的应用,其实时性、稳定性和可靠性仍有较大的进步空间。

尽管国外已经有不少成熟的视频交通参数检测软件,但由于国外的类似产品因商业利益,技术上并不公开,所以有必要对此技术进行进一步研究,并且,道路交通建设因地制宜,中国中小型城市混合交通流的现象仍然十分严重,在国外成功应用的产品并不一定适合中国国情。随着经济增长,为了满足国内市场需求,提高国际竞争力,由引进向自主创新发展的趋势使得国内对视频交通检测技术研究方兴未艾。

5.3 车辆检测

交通系统的监测和控制,一个关键的任务就是要采集交通流的运行参数。通常采用流量、速度、占有率等作为交通流基础参数,利用这些基础数据能够为交通事件检测、交通状态分析、交通态势推演等工作提供支撑。充分利用道路沿线设置的摄像机所拍摄的视频信息,对运动车辆进行检测和跟踪,从而提取交通流基础参数。本节主要对目前常用的车辆检测和跟踪方法进行了阐述,为后续交通流基础参数提取提供了重要的技术手段。

车辆检测是对车辆进行跟踪的重要前提,其正确与否直接关系着车辆跟踪的有效性和持续性。基于视频的车辆检测是指从视频图像序列中检测出车辆。目前常用的车辆检测方法主要有四种:帧间差分法、背景差分法、分类器检测法和光流法等。在车辆检测方法中,帧间差分法和光流法只适用于车辆运动的情况,而背景差分法和分类器检测法不但适用于车辆运动的情况,也适用于车辆停止运动的情况。

5.3.1 帧间差分法

帧间差分法是最简单常用的运动检测方法,而且实用性也较好[2-3]。它是通过视频中两帧图像的逐像素比较,来得到差值图像,从而检测出视频中的运动信息。在环境光照变化不大的情况下,如果前后两帧图像对应像素点的亮度差值变化不大,则认为该像素点所对应的物体是静止的,反之,则认为该处的物体发生了运动。帧间差分法根据参与计算的帧数多少又可以分为两帧差分法和三帧差分法两种。关于帧间差法的具体描述可以参考前面第2章。

5.3.2 背景差分法

背景差分法是目前车辆检测中最为常用的方法之一。其基本原理是将当前帧图像与背景图像相减得到差值,再与阈值进行比较得到二值图像,从而提取出车辆运动目标[4-5]。可以用以下数学公式来进行描述。

$$d_k(x,y) = |I_{k+1}(x,y) - B_k(x,y)| \tag{5-1}$$

$$D_k(x,y) = \begin{cases} 1, & d_k(x,y) \geqslant T \\ 0, & d_k(x,y) < T \end{cases} \tag{5-2}$$

式中,$I_k(x,y)$表示当前帧图像;$B_k(x,y)$表示前 k 帧图像所对应的背景图像;$D_k(x,y)$表示背景差分后的二值图像;T 为设置的阈值。

背景差分法的优点是编程实现比较简单,并且能够有效地提取出运动车辆的完整轮廓,而不像帧差法那样会造成车辆图像内部“空洞”情况的发生,而且当车辆暂时停止运动时也能有效检测。因此,相对于帧差法,背景差分法在进行车辆检测时的适用性更强。但是,它的不足之处是对周围环境的干扰比较敏感,例如,光照的变化使得道路的颜色有所变化,山或树木的影子投射在道路上,以及风吹动道路两旁树叶的扰动等,这些都会影响到检测的精度。另外,由于摄像机是架设在支架或龙门架上,当大风吹动或重型车辆驶过,摄像机可能会产生晃动,这样的情况也会导致检测精度的降低。

为了降低环境干扰对背景的影响,使用背景差分法需要不断地对背景进行更新。常用的背景建模和更新算法主要有:中值法、直方图法、单高斯分布模型和混合高斯分布模型等。

5.3.2.1　中值法

中值法的原理是通过连续 N 帧图像对应像素点的灰度值进行由小到大的排列,然后取中间值来作为背景图像的灰度值。Cucchiara 等人证明了该方法即使对于 N 帧图像是十倍帧率图像集的一个子样品的情况,所得到的背景仍然是有效的[6-7]。另外,他们也提出了一种计算中值的改进方法,将前 N_s 帧子图像集的中值与前 N 帧图像中值的 w 倍之和作为新的背景图像值。这种改进方法能够有效地提高背景模型的稳定性,但是,中值法需要存储 N 帧图像来进行处理,因此,计算量将是一个很大的问题。

5.3.2.2　直方图法

直方图法也需要对 N 帧图像进行处理,通过统计同一像素点的灰度分布直方图,使用出现频率最高的灰度值来作为该点的背景值[8]。但是,该方法需要对每个像素点维持一个直方图,而这个直方图的维度大小是与灰度等级相关的,一般情况下为 256。因此,这样的计算量也是相当大的,而且随着图像分辨率的提高,内存的消耗也将增大。另外,该方法对于交通缓慢或者堵塞的情况,常常会将场景中的车辆也作为背景,从而影响车辆检测的效果。

5.3.2.3　单高斯分布模型

单高高斯分布模型认为图像中每个像素点灰度值的出现是一个概率事件,并且假设灰度值出现的概率服从高斯密度分布,通过灰度值和均值的距离与方差进行比较来确定当前像素点是否为背景点[9]。高斯概率密度分布函数如下所示:

$$p(x_t) = \frac{1}{\sqrt{2\pi\sigma_t}} e^{-\frac{(x_t-\mu_t)^2}{2\sigma_t^2}} \tag{5-3}$$

式中,x_t 表示第 t 帧时像素点的灰度值;μ_t 和 σ_t 分别表示某个像素点处灰度值的均值和方差;$p(x_t)$ 表示该像素点灰度值出现的概率。为了能够对背景进行更新,只需要对每个像素点处的均值和方差进行更新即可,更新的规则如下。

$$\begin{cases}\mu_t = \alpha I_t + (1-\alpha)\mu_{t-1} \\ \sigma_t^2 = \alpha(I_t-\mu_t)^2 + (1-\alpha)\sigma_{t-1}^2\end{cases} \tag{5-4}$$

式中,I_t 表示第 t 帧时图像的灰度值;α 为更新因子,表示背景模型的更新快慢,一般可以取为 0.01。对于均值和方差初始值的选取,可以通过假设第一帧图像为背景图来得到,即 $\mu_0 = I_0$,σ_0^2 为某个设定值,表示偏离均值的方差大小。至此,就可以通过高斯分布模型来判断当前像素点为车辆还是背景。对于第 t 帧图像,使用均值和方差来判断某像素点为车辆的依据如下。

$$|I_t - \mu_t| > k\sigma_t \tag{5-5}$$

式中,k 为自由阈值,常常设为 2.5。k 值越大,表示背景变化的范围就越大,反之,则会增加由背景变为车辆的概率。然而,上述背景更新算法会引入车辆图像的干扰,从而导致背景图像的过度更新。为此,Koller 等人提出了不同的均值更新方法[10],如下式所示。

$$\mu_t = M\mu_{t-1} + (1-M)[\alpha I_t + (1-\alpha)\mu_{t-1}] \tag{5-6}$$

式中,M 为一个二值变量,当像素点为前景点时,M 取为 1,否则取为 0。该模型也称为选择背景更新模型。

5.3.2.4 混合高斯分布模型

上述几种背景建模方法主要针对背景长久不变的情况,也就是视频中的道路图像不会有明显的变化。然而,对于场景中道路会发生扰动的情况,例如道路两旁或中央分隔带的植物随风晃动等,使用以上背景建模方法会将背景物体误检为车辆。而实际上,由于背景物体的扰动,同一像素点会出现多个稳定的灰度值,表现出多个模态的特性。因此,在这类场景中使用单模态的背景模型将难以解决这样的问题。

Stauffer 和 Grimson 提出了多模态背景建模的方法来解决以上问题[11],他们使用混合高斯概率密度分布来描述某个像素点处灰度值出现的概率,使用如下公式进行描述。

$$P(X_t) = \sum_{i=1}^{K} \omega_{i,t} \eta(X_t, \mu_{i,t}, \Sigma_{i,t}) \tag{5-7}$$

式中,X_t 表示第 t 时刻的帧图像;K 表示高斯分布的个数,实际应用中一般可以设置为 3 ~5 个;$\omega_{i,t}$表示 t 时刻第 i 个高斯分布的预估权重;$\mu_{i,t}$和$\Sigma_{i,t}$分别表示 t 时刻第 i 个高斯分布的均值和协方差矩阵;η 为高斯概率密度函数,使用数学公式描述如下。

$$\eta(X_t,\mu_{i,t}, \Sigma_{i,t}) = \frac{1}{(2\pi)^{\frac{n}{2}} |\Sigma_{i,t}|^{\frac{1}{2}}} \exp\left[-\frac{1}{2}(X_t - \mu_{i,t})^T \Sigma_{i,t}^{-1} (X_t - \mu_{i,t}) \right] \tag{5-8}$$

为了计算方便,可以假设每个像素点红、绿、蓝三个分量是不相关的,而且具有相同的方差,此时,协方差矩阵可以简化为如下的形式:

$$\Sigma_{i,t} = \sigma_i^2 I \tag{5-9}$$

混合高斯模型因为采用了多个高斯分布函数,因此还需要区分车辆和背景的分布。Stauffer 采用了这样的准则来进行区分:首先根据预估权重和标准差的比例 ω_i/σ_i,按大小对所有的高斯分布模型进行排序,然后选出前 b 个权重之和大于设定阈值 T 的高斯分布作为背景模型分布,其余的就作为车辆模型分布。背景模型分布的表示如下。

$$B = \mathrm{argmin}_b\left(\sum_{k=1}^{b} \omega_k > T\right) \tag{5-10}$$

对于当前帧图像的每个像素点,需要解决的两个关键问题包括:①找出该像素点与哪个高斯分布模型最匹配;②更新模型参数。对于第一个问题,通常使用如下的准则来进行判断。

$$(X_t - \mu_{i,t}) \leqslant k\sigma_{i,t} \tag{5-11}$$

式中,一般取 $k=2.5$。此时,根据所匹配的模型是否属于背景分布模型就可以判断该像素点是道路还是车辆。接着,需要对各模型的权重进行更新,使用以下的方法来进行调整。

$$\omega_{k,t} = (1 - \alpha)\omega_{k,t-1} + \alpha M_{k,t} \tag{5-12}$$

式中,α 表示学习率;$M_{k,t}=1$ 对应模型匹配的情况,其他情况下 $M_{k,t}=0$。经过这样的逼近后,所有权重再进行归一化处理。对于模型参数的更新,所有未匹配的模型均值μ和方差σ^2都保持不变,匹配的模型将按照以下的公式进行更新。

$$\mu_t = (1-\rho)\mu_{t-1} + \rho X_t \tag{5-13}$$

$$\sigma^2 = (1-\rho)\sigma_{t-1}^2 + \rho(X_t - \mu_t)^T(X_t - \mu_t) \tag{5-14}$$

$$\rho = \alpha\eta(X_t | \mu_k, \sigma_k) \tag{5-15}$$

对于在K个高斯分布中都找不到合适模型的情况,最小权重模型将会被替换,新模型的均值为当前像素点的灰度值,方差为一个较大值,权重为一个较小值。至此,重复上述式(5-10)~式(5-15)的步骤即可以实现多模态背景提取,从而分割出车辆。使用混合高斯分布模型来实现背景建模,其计算量较大,对于背景简单的场景,一般不采用这种方法。

在现在广为流行的 OpenCV 软件中,提供了一个高性能的前/后景检测子模块,如图 5-1 所示,其中前景检测算法采用混合高斯背景模型。

前景检测子模块的输入数据是当前帧图像,输出数据是当前帧的前景掩码。前景检测子模块将当前帧的像素分为前景像素和背景像素。具体的算法实现是通过减背景算法获取的。通过采用混合高斯模型背景学习算法,对每一个像素点建立一个混合高斯模型,用该模型来自适应学习背景像素的概率密度函数。通过一定时间的学习之后,可以建立出所有背景像素的密度函数。当输入新的图像帧时,该算法根据之前学习的模型对图像帧的每一个像素进行分类。同时,将输入的图像帧加入学习,更新背景模型。

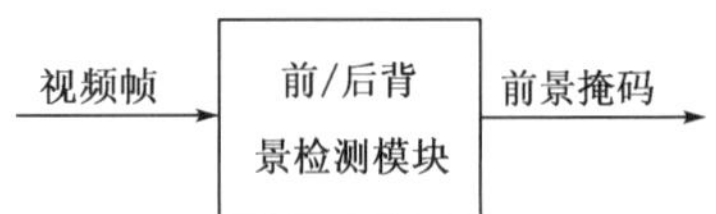

图 5-1 前景检测及掩模模块示意图

由于混合高斯模型有着较强的描述能力,因而该子模块具有一定的抗干扰能力。并且可以不停地学习新的背景,具备较强的环境突变适应能力。下面给出一个背景学习的例子。当我们输入的视频处理到第 50、100、150 等帧数时，学习得到的背景及检测到的前景如下图 5-2 ~ 图 5-5 所示。

图 5-2　算法运行到第 50 帧和 100 帧时的背景

图 5-3　算法运行到 150 帧和 200 帧时的背景

图 5-4　第 200 帧时的前景检测效果

 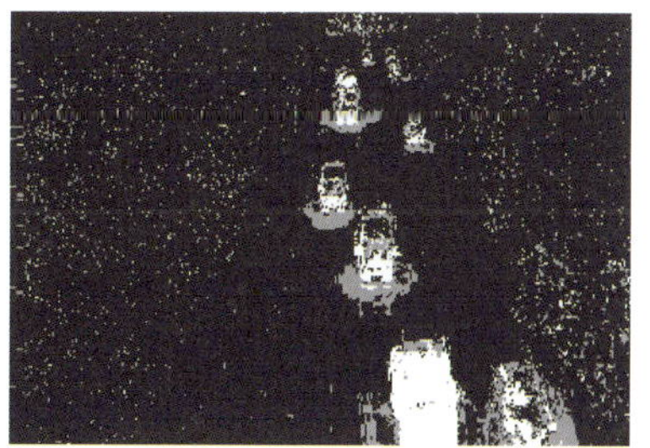

图 5-5　第 400 帧时前景检测的效果

5.3.3 分类器检测法

分类器检测法是通过采集大量的视频数据，并针对其中的大量车辆样本进行训练，从而得到分类器以检测车辆。针对车辆运动和静止两种情况，训练好的分类器都能够比较准确地检测车辆。因此，在车辆检测上具有十分广泛的应用。本节主要介绍 Adaboost 分类器，它是一种自适应的分类器学习方法[12-13]。

Adaboost 分类器的基本思想是对于同一个样本集训练得到一系列的弱分类器，然后利用这些弱分类器所占权重的大小来构建一个最终的强分类器。在训练这些弱分类器的过程中，新分类器的构建是通过改变样品的权值分布来实现的，对于前一个分类器分错的样品，它的权值将会得到加强，反之，则会减弱。

Adaboost 分类器的算法流程如下：

(1)初始化样本集的权重分布。

记样本集为 $T=\{(x_1,y_1),(x_2,y_2),\cdots,(x_N,y_N)\}$，样本总数为 N，y_i 为类别标记。则初始化时，设置每个样本的权重为相同值。

$$w_{1i} = \frac{1}{N}, \quad i = 1,2,\cdots,N \tag{5-16}$$

(2)进行 M 轮迭代训练分类器，每一轮迭代的标号记为 $m(m=1,2,\cdots,M)$。

①训练弱分类器 $G_m(x)$，使得它在训练样本集上的分类误差率最小。

$$e_m = \min P[G_m(x_i) \neq y_i] = \min \sum_{i=1}^{N} w_{mi} I[G_m(x_i) \neq y_i] \tag{5-17}$$

②计算该分类器在最终强分类器中所占的权重。

$$\alpha_m = \frac{1}{2}\log\frac{1-e_m}{e_m} \tag{5-18}$$

由上述公式可以看到，分类误差率越小，弱分类器在最终的强分类器中所占的比重越高。

③更新样本集的权重分布，用于进行下一轮的迭代计算。

$$w_{m+1,i} = \frac{w_{m,i}}{Z_m}\exp[-\alpha_m y_i G_m(x_i)] \tag{5-19}$$

上式中 Z_m 为规范因子，用如下公式表示。

$$Z_m = \sum_{i=1}^{N} w_{m,i}\exp[-\alpha_m y_i G_m(x_i)] \tag{5-20}$$

(3)按权重将各个弱分类器组合为最终的强分类器，如下式所示。

$$G(x) = \text{sign}[\sum_{m=1}^{M}\alpha_m G_m(x)] \tag{5-21}$$

在实际应用中，训练分类器常常需要大量的训练样本，包括含有检测目标的正样本和完全不包含检测目标的负样本，因此，工作量相对来说会较大，但是检测的精度也较高。

5.3.4　光流法

在第2章中，已经对光流法进行了简要介绍。光流通常定义为视频图像中亮度模式的表观运动，即空间物体表面上的点的运动在成像平面上的表达。从摄像机成像的角度思考三维空间中物体的运动，反映到图像中的变化则是相应位置的亮度发生了改变，即空间中运动场到图像中光流场的转变。在进行道路交通状态识别的时候，由于人对交通状态的识别通常采用定性的判断，例如畅通、缓慢、拥堵等。因此，在计算资源有效的条件下，不需要精确地对每一辆车辆进行识别。在这样的需求下，采用光流法，从宏观总体上对交通流进行识别是一种较好的实用方法。通过对视频图像中的光流分布以及光流矢量的特性分析，可以定位出运动车辆的位置和形状结构，从而形成有效的检测运动车辆的方法。

5.4　车辆跟踪

车辆跟踪采用的是目标跟踪技术，早期主要应用在航空和军事研究上，主要是通过传感技术来定位和获取运动目标的运行轨迹。随着图像处理技术的不断深入研究，基于视频图像处理的目标跟踪技术也得到了越来越多的应用，出现了大量的智能化处理系统，如公共安全中的视频报警系统、地铁的客流量检测系统和基于视频的红绿灯信号系统等。

5.3 节主要讨论了车辆检测的方法，然而，这些方法主要是针对单独的帧图像来进行检测的，帧间的车辆并没有建立起必然的联系。而实际中，对相邻帧间同一辆车进行有效的识别是非常重要的，如道路监控场景中的车流量统计，需要识别出同一辆车和区分出不同的车辆，以避免重复计数。就视频而言，同一车辆通常出现在多帧图像中，因此，仅仅通过车辆检测的方法并不能有效地区分出同一车辆，而必须加入车辆跟踪模块。运用车辆跟踪技术可以获取车辆在整个序列图像中的位置、速度和运行轨迹等信息，从而为系统提供更可靠的基础数据。

目前，常用的车辆跟踪方法可以分为以下几类：基于特征的跟踪、基于变形模型的跟踪、基于区域的跟踪和基于运动估计的跟踪等。这些方法各有其优缺点和适用性。因此，需要根据实际场景的特殊要求来选用不同的方法。

5.4.1 基于特征的跟踪

视频图像序列中，由于相邻两帧图像的时间间隔通常很短，图像上物体的对应特征可以认为是缓慢变化的。因此，可以利用车辆特征变化的平滑性来实现对车辆的跟踪。通常用于跟踪的特征主要有直线、曲线和特征点等。

文献[14]提出了使用直线边缘特征匹配的方法来实现目标跟踪。他们通过提取相邻两帧图像中目标的所有直线边缘特征，利用这些直线的相对斜率、相对倾角和相对截距进行配对来实现目标的跟踪。然而这种方法对于场景中难以检测到直线的情况是不适用的，而且对于物体会发生形变的情况也会产生很大的误差。文献[15]使用了局部特征点的方法来进行目标跟踪。该方法在 SURF 特征点检测的基础上结合随机样品一致性和局部相关的方法来减少误匹配和加快匹配的速度，因此，跟踪的效率较高。

基于特征的跟踪方法由于计算量较少，能够满足实时跟踪的要求，但是，由于算法的准确性依赖于特征的提取和匹配，因此，对于物体受到遮挡的情况，该

方法将变得不适用。

5.4.2　基于变形模型的跟踪

变形模型一般可以分为自由式变形模型和参数式模型两类。自由式变形模型没有全局结构,而是通过满足正则化约束来表示不同的形状。参数式模型是对于已知形状使用少量参数来表示的模型。

早在1987年,Kass等人提出的Snake主动轮廓模型是最典型的自由式变形模型[19]。该模型可以处理刚性或者非刚性物体,能够用于边缘、线条和轮廓的检测以及运动跟踪和立体匹配等。Snake是基于能量最小化来实现目标的检测和跟踪的,但由于Snake模型依赖于图像的细微变化,因此,它对于初始化轮廓问题和图像噪声十分敏感,而且也不适用于快速运动物体的跟踪。Menet[17]和Cohen[18]等人分别提出了不同的轮廓模型来解决初始化轮廓问题。Kim等人则提出了Snake跳跃模型来实现快速目标的跟踪[19]。对于参数式模型,通常需要使用一系列参数来描述运动曲线,再使用逼近的方法来提取目标轮廓,如文献[20]所提出的方法。

5.4.3　基于区域的跟踪

基于区域的跟踪方法一般通过目标检测方法得到候选区域或者通过人为指定候选区域,然后利用相关的匹配算法来实现目标的跟踪。

Grinias等人提出了一种基于半自动初始区域增长算法的目标跟踪方法,在相邻图像提取初始区域,再利用区域增长的方法来进行初始分割,然后在后续图像中进行跟踪[21]。管学伟等人提出了基于区域协方差矩阵的目标跟踪方法[22]。该方法首先提取目标区域的某些特征,然后利用这些特征生成协方差矩阵,接着与参考模板的区域协方差矩阵进行匹配,生成相关矩阵,最后对相关矩阵进行处理生成目标的运动轨迹。Fang等人提出了利用区域相关法来提取候选的目标区域,然后利用颜色直方图匹配的思想来实现目标的配对和跟踪[23]。该方法所使用的区域相关法不需要估计团块的质心、速度和加速度等信息,因此计算量较小。

基于区域的跟踪方法对于运动目标出现遮挡的情况不是很敏感,因此,能够有效地处理交通场景中车辆跟踪问题。

5.4.4 基于运动估计的跟踪

运动估计是目标分割和跟踪的一种重要方法。这种方法的思想是通过时域的运动估计来达到跟踪运动物体的目的。常用的运动估计方法主要有光流法和卡尔曼滤波跟踪等[24-25]。光流法主要是通过光流约束方程或者块匹配的方法来实现像素点的运动估计,它又可以分为稀疏光流和稠密光流两大类。稀疏光流是基于目标的特征点来进行跟踪的,如常用的角点等,计算量较少。稠密光流是对图像中所有的像素点进行的跟踪,它能够有效地反映出运动物体的轮廓,缺点是运算量较大。卡尔曼滤波是利用状态方程和观测方程来描述的线性系统,通过预测和修正来达到状态的最优估计,从而实现运动目标的跟踪。它具有计算量小和实时性高的优点,但是,为了能够提供更可靠的跟踪,往往还需要加上特征的判别或匹配等处理。本文为了能够方便地提取交通流参数,采用了光流法来进行跟踪,并通过选取感兴趣区域和隔帧处理等措施来提高系统处理的效率。

5.5 摄像机标定

通过对道路视频监控图像的处理,包括前面提到的车辆检测和跟踪,其目的都是为了获取交通的基础参数。因此,需要对视频图像中的车辆实际速度和尺寸等信息进行标定。通过建立起视频图像平面与实际道路平面的联系,找到视频图像坐标与世界坐标的对应关系,才能够准确获取所需要的实际车速和尺寸等信息,为交通状态分析、车辆类型识别等提供数据基础。对道路监控摄像机的标定通常有两种方式:一是采用人工现场放置标定物进行标定;二是利用路面信息进行标定。

5.5.1　摄像机成像几何基础

摄像机的标定是为了建立视频图像平面与实际道路平面的联系，需要建立成像几何模型，而这个模型反映了真实场景中的物体投影到视频图像平面的物理过程。为了能够方便地对摄像机几何成像模型进行定量分析，下面简要介绍几个常用的坐标系，主要包括图像坐标系、摄像机坐标系和世界坐标系。通过这几个坐标系之间的变换关系，就可以找到视频图像坐标与世界坐标的联系，从而获取真实的三维景物信息。

5.5.1.1　视频图像坐标系

摄像机成像后，所得到的视频图像在计算机中是以像素为单位的行列矩阵形式保存的。假设图像的分辨率为 $M \times N$，则该图像是一个 M 行 N 列的像素矩阵。对于每个像素点的值，即该点的亮度，是根据图像的类型来决定的，灰度图像一般对应 0 ~ 255 之间的灰度值，彩色图像对应一个像素的 *RGB* 三色的灰度值。

如图 5-6 所示，直角坐标系 O_0-uv 表示图像坐标系，它是以像素点为基本单位的。因此，图像上任一像素点的坐标表示为(u,v)，对应图像上第 u 列、第 v 行的位置。

因为(u,v)是以像素点为单位的坐标，表示的是该像素点在图像矩阵中的列数与行数的位置。因此，它不能衡量像素点在图像上的实际距离位置，还需要引入以物理单位（如 mm 等）为基准的坐标系，如图 5-6 中的 O_1-xy。在 xy 坐标系中，x 轴和 y 轴分别平行于图像坐标系的 u 轴和 v 轴，坐标原点 O_1 为摄像机光轴与图像平面的交点，一般情况下，可以认为该点位于图像的中心，但由于摄像机镜头制作工艺的原因，该点与图像中心点会存在一定的偏差。设 O_1 在图像坐标系中的坐标为(u_0,v_0)，每一个像素点在 x 轴和 y 轴方向所对应的物理尺寸分别为 dx 和 dy，则图像坐标系与物理坐标系有如下

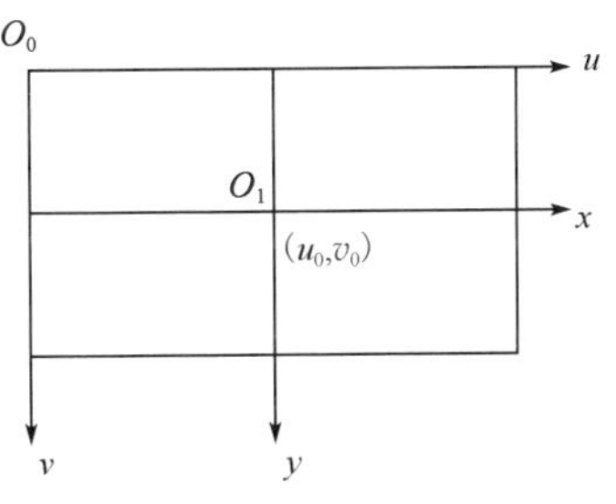

图 5-6　图像坐标系

的对应关系。

$$\begin{cases} u = \dfrac{x}{\mathrm{d}x} + u_0 \\ v = \dfrac{y}{\mathrm{d}y} + v_0 \end{cases} \tag{5-22}$$

为了方便以后的应用，引入齐次坐标系后，上述公式可以使用以下的矩阵公式来表示。

$$\begin{bmatrix} u \\ v \\ 1 \end{bmatrix} = \begin{bmatrix} \dfrac{1}{\mathrm{d}x} & 0 & u_0 \\ 0 & \dfrac{1}{\mathrm{d}y} & v_0 \\ 0 & 0 & 1 \end{bmatrix} \begin{bmatrix} x \\ y \\ 1 \end{bmatrix} \tag{5-23}$$

5.5.1.2 摄像机坐标系

如图 5-7 所示，O_c-$X_cY_cZ_c$ 为摄像机的坐标系，它是与摄像机的物理位置相一致的。其中，原点 O_c 为摄像机的光心，X_c 轴和 Y_c 轴分别平行于图像上的 x 轴和 y 轴，Z_c 轴和摄像机的光轴重合并垂直于图像平面，光心到图像平面的垂直距离 O_cO_1 称为摄像机的焦距。

5.5.1.3 世界坐标系

由于实际场景中摄像机的位置是会发生改变的，因此必须选择一个不变的基准坐标系来描述场景中物体的实际位置，同时，它也能表示摄像机的确切位置，包括摄像机发生移动的情况，这个坐标系就是世界坐标系，如图 5-7 中的直接坐标系 O_w-$X_wY_wZ_w$ 所示。这个坐标系一般是可以任意设定的，实际应用中通常会根据实际场景的易用性来选择。

由图 5-7 可以看出，摄像机坐标系可以通过世界坐标系进行旋转和平移操作得到。设旋转矩阵为 $\boldsymbol{R}$，平移向量为 $\boldsymbol{t}$，空间中任一点 P 在摄像机坐标系和世界坐标系下的齐次坐标分别为 $(X_c, Y_c, Z_c, 1)^{\mathrm{T}}$ 和 $(X_w, Y_w, Z_w, 1)^{\mathrm{T}}$，则它

们的关系可以进行如下描述。

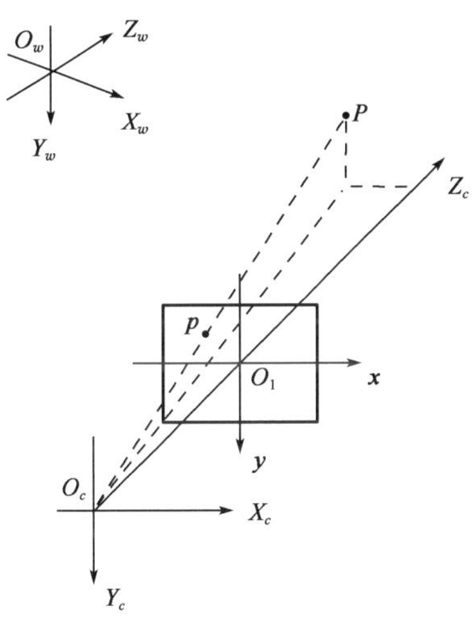

图 5-7 摄像机坐标系与世界坐标系

$$\begin{bmatrix} X_c \\ Y_c \\ Z_c \\ 1 \end{bmatrix} = \begin{bmatrix} \boldsymbol{R} & \boldsymbol{t} \\ \boldsymbol{0}^{\mathrm{T}} & 1 \end{bmatrix} \begin{bmatrix} X_w \\ Y_w \\ Z_w \\ 1 \end{bmatrix} = \boldsymbol{M}_2 \begin{bmatrix} X_w \\ Y_w \\ Z_w \\ 1 \end{bmatrix} \tag{5-24}$$

式中，$\boldsymbol{R}$ 为 3×3 的单位正交矩阵；$\boldsymbol{t}=[t_x \quad t_y \quad t_z]^{\mathrm{T}}$ 表示三维平移向量；$\boldsymbol{0}^{\mathrm{T}}=[0 \quad 0 \quad 0]^{\mathrm{T}}$；$\boldsymbol{M}_2$ 为 4×4 矩阵，称为摄像机的外参数矩阵。

5.5.1.4 线性摄像机模型

典型的线性摄像机模型为针孔摄像机模型。空间中任意一点 p 在图像上的投影 P 为该点和光心点连线 PO_c 与图像平面的交点，这种映射关系称为透视投影。由图 5-7 中的比例关系可以得到：

$$\begin{cases} x = f\dfrac{X_c}{Z_c} \\ y = f\dfrac{Y_c}{Z_c} \end{cases} \tag{5-25}$$

要进行断路实施，这样不仅会影响车辆的通行，也增加了道路交通安全隐患。另外，在对一条道路进行摄像机标定的时候，通常要在几十个点位上，甚至在上百个点位上进行标定，这样的外业工作量需要大量的人力和物力。下面介绍一种基于参考图像与路面信息的标定方法。该方法能够有效地对交通场景中摄像机进行标定，并且极大地降低了人工现场标定的工作量，从而提高了实际工程中大量道路视频摄像机的标定任务效率。

5.5.3.1 摄像机标定概述

对于道路监控场景，可以归结为以下 3 种摄像机标定情况。

1）先验知识

给出某些已知的先验知识，如摄像头的俯角或者摄像机离地面的高度等[33-34]。这些先验知识一般都是通过前期的测量来得到的，然后再通过道路摄像机的几何模型来计算其他的摄像机参数。另外，对于道路标线明显的情况，这种标定方法还可以通过标线的自动检测来实现摄像机的动态标定，从而适应摄像机被动调整的情况。但是，对于山区和高架桥等交通场景，测量这些先验知识往往会很困难。因此，对于这些情况，该方法就不适用了。

2）消失点

使用图像上的“消失点”[32]（指的是实际场景中的一组平行线在图像上的交点）或者“消失线”[33]。这类方法较常用，而且根据使用“消失点”个数的不同又可以分为多种不同的方法。但是在使用这类方法时，一般还需要附加必要的先验知识，如一段车道平行线的实际长度、车道的实际宽度、摄像机在道路平面投影点离车道边缘的最短距离以及摄像机距离道路平面的高度等。这些先验知识中有的是易于测量的，有的则不然，而车道的实际宽度一般可以根据国家道路标准获得。另外，当标定方法使用的“消失点”数量多于 1 个时，有可能会出现垂直于车道标志线方向上的“消失点”趋于无穷的情况，此时就不能单纯地利用“消失点”来实现摄像机的标定。这种情况通常称为“病态条件”[34]。

3)标志线

利用道路场景中多组标志线组成的几何模型,如文献[38]使用白色标志线的端点来构成矩形框。该方法充分利用了道路的已知信息,而且在测量精度和抗噪上有较好的效果。但这种方法存在一定的局限性,尤其对于单车道或者双车道中道路标志线不清晰的情况,要找到这样的矩形框往往是较难的。这种情况下,需要在摄像机视野内放置预设的矩形框。但是,由于摄像机在监控的过程中可能会发生人工干预而使得摄像机的位置发生改变,因此,矩形框需要一直放置在场景中,这对于交通场景来说是不合适的。

5.5.3.2 道路监控摄像机模型

通用摄像机模型主要描述了三维场景中的点与图像上对应点之间的成像关系,是研究摄像机标定问题的重要前提。摄像机模型主要由摄像机的内部和外部参数来描述。摄像机的内部参数是由摄像机的内部结构所决定的,主要包括焦距、主点、倾斜角和纵横比等,外部参数主要描述了摄像机与世界坐标之间的相对位置,包括旋转矩阵和平移向量等[35]。

根据前面对消失点和标志线等方法的描述,基于参考图像与路面信息的标定方法是利用平行和垂直于车道方向上的两个“消失点”和已知车道宽度来进行标定的。一般情况下,这两个“消失点”是通过车道标志线或者车辆的对称信息来得到的,而对于其中一个“消失点”趋于无穷的“病态条件”的情况,采用了旋转摄像机获取不同角度的参考图像来实现标定。

为了能够方便地对模型进行计算,前提假设摄像机的侧倾角为零,图像不存在畸变,主点位于图像的中心,光轴与图像平面垂直以及图像的尺度因子为1。因此,摄像机的参数将简化为焦距、主点、两个旋转角度和一个平移向量。

图5-10为使用的摄像机与道路的几何模型。

该模型假设道路平面基本上是平直的,不存在较大的坡度,这在大多数道路监控场景中都能满足。摄像机从俯角为 ϕ 的角度来观察路面，架设在道路旁的支柱上，离地面的高度为 h，与车道标志线的水平夹角为 θ，光轴与道路平面交于点 O，两条水平道路边线 L_1 和 L_2 的实际距离为 w，L_3 垂直于 L_1，L_4 过坐标原点 O 并与 L_1 平行。摄像机的坐标原点标记为点 C，它在水平面的垂直投影记为点 C'，CO 与 L_4 夹角为 β。由图 5-10a）可知，世界坐标系 $O\text{-}XYZ$ 和摄像机坐标系 $C\text{-}X_CY_CZ_C$ 都服从右手定则，其中 X 轴和 Y 轴平行于路面并且 Y 轴与 $C'O$ 共线，Z 轴垂直于路面向上。辅助坐标系 $O\text{-}UVW$ 的 U 轴与 X 轴重合，坐标系绕着 U 轴旋转使得 W 轴和 Z 轴夹角为 ϕ。摄像机坐标系的 X_C 轴与 W 轴同向，Y_C 轴和 Z_C 轴分别与 U 轴和 V 轴反向，CO 的实际距离记为 F。

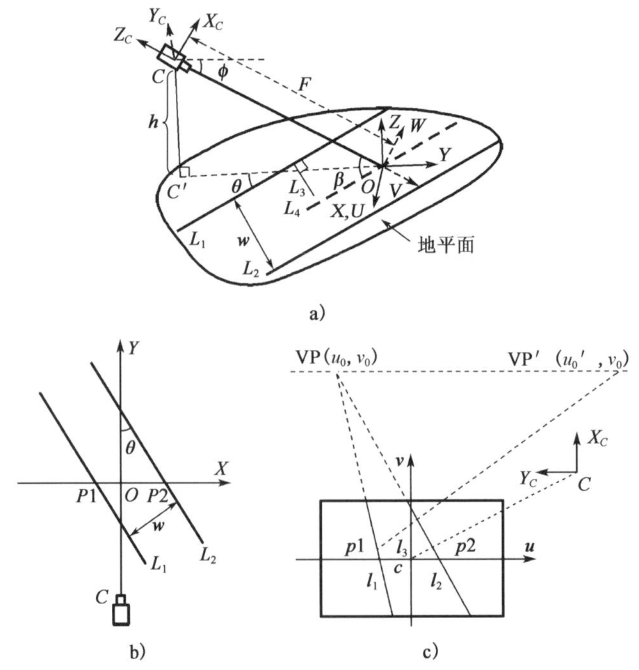

图 5-10　摄像机与道路的几何模型

a）摄像机与道路的空间模型；b）俯视图；c）图像坐标系

由针孔摄像机原理以及射影几何可以得到摄像机坐标与图像坐标的关系,如下所示。

$$\begin{cases} u = f\dfrac{Y_C}{Z_C} \\ v = -f\dfrac{X_C}{Z_C} \end{cases} \tag{5-38}$$

式中,u,v 公式的符号是与摄像机坐标系 $C\text{-}X_CY_CZ_C$ 的选取有关系的,如图 5-10c)所示。又因为坐标系 $O\text{-}UVW$ 可以看作是坐标系 $O\text{-}XYZ$ 绕 X 轴旋转 ϕ 角形成的,所以它们的关系为:

$$\begin{cases} U = X \\ V = Y\cos\phi - Z\sin\phi \\ W = Y\sin\phi + Z\cos\phi \end{cases} \tag{5-39}$$

由摄像机坐标系 $C\text{-}X_CY_CZ_C$ 与辅助坐标系 $O\text{-}UVW$ 的平移($|\overrightarrow{CO}| = F$)和反转关系以及式(5-39)可以得到摄像机坐标与世界坐标的关系,如下所示。

$$\begin{cases} X_C = W = Y\sin\phi - Z\sin\phi \\ Y_C = -U = -X \\ Z_C = -V - F = -Y\cos\phi + Z\sin\phi - F \end{cases} \tag{5-40}$$

另外,由于车辆都是在路面上运动的,因此可以假设 $Z=0$,使得模型的运算更简便。此时,将式(5-40)和 $Z=0$ 代入式(5-38),可以得到如下公式(其中 f 为摄像机的焦距):

$$\begin{cases} u = f\dfrac{Y_C}{Z_C} = f\dfrac{X}{Y\cos\phi + F} \\ v = -f\dfrac{X_C}{Z_C} = f\dfrac{Y\sin\phi}{Y\cos\phi + F} \end{cases} \tag{5-41}$$

由上述公式可知,坐标平面 $X\text{-}O\text{-}Y$ 与图像平面 $u\text{-}c\text{-}v$ 具有一一对应的关系,因此可以通过图像坐标得到道路平面的世界坐标 X、Y 的值,将 $F = h\csc\phi$ 代入上式(5-41)中可得如下公式。

$$\begin{cases} Y = \dfrac{hv}{f\sin^2\phi - v\sin\phi\cos\phi} \\ X = \dfrac{hu}{f\sin\phi - v\cos\phi} \end{cases} \tag{5-42}$$

5.5.3.3 摄像机参数计算

由式(5-42)可知,为了通过图像坐标重构实际场景的坐标,需要求得 h,f 和 ϕ 值,本书通过引入两个"消失点"来求取。由文献[32]可以知道,"消失点"指的是实际场景中的一组平行线在图像上的交点。如图 5-10c)所示,l_1 和 l_2 分别对应实际场景中的车道边线 L_1 和 L_2,l_3 对应垂直于车道边线 L_1 且与路面平行的线段 L_3。L_1 和 L_2 在无穷远处的"消失点"在图像上的投影为 l_1 和 l_2 的交点 VP(u_0,v_0)。由式(5-41)可知,Y 与 v 是一一对应的,所以一组与车道边线垂直的平行线的"消失点"将落在消失线 $v = v_0$ 上,如图 5-10c)上的点 VP′(u_0',v_0)所示。

1)考虑 $\theta \neq 0$ 的情况

令 $X = Y\tan\theta$,可得:

$$\begin{aligned} u_0 &= \lim_{Y\to\infty}\left(f\frac{X}{Y\cos\phi + F}\right) \\ &= \lim_{Y\to\infty}\left(f\frac{X/Y}{\cos\phi + F/Y}\right) = f\tan\theta\sec\phi \end{aligned} \tag{5-43}$$

$$\begin{aligned} v_0 &= \lim_{Y\to\infty}\left(f\frac{Y\sin\phi}{Y\cos\phi + F}\right) \\ &= \lim_{Y\to\infty}\left(f\frac{\sin\phi}{\cos\phi + F/Y}\right) = f\tan\phi \end{aligned} \tag{5-44}$$

同理,令 $X = -Y\cot\theta$ 可以得到垂直车道方向上的另一个"消失点"的坐标,如下所示。

$$\begin{aligned} u_0' &= \lim_{Y\to\infty}\left(f\frac{X}{Y\cos\phi + F}\right) \\ &= \lim_{Y\to\infty}\left(f\frac{X/Y}{\cos\phi + F/Y}\right) = -f\cot\theta\sec\phi \end{aligned} \tag{5-45}$$

由上述式(5-43)~式(5-45)三个方程可以解出f,θ和ϕ这三个未知量，结果如下所示。

$$\begin{cases}\phi = \arcsin\left(\dfrac{v_0}{\sqrt{-1/(u_0 u_0')}}\right) \\ f = v_0/\tan\phi \\ \theta = \arctan(-u_0\cos\phi/f)\end{cases} \tag{5-46}$$

为了得到摄像机的高度h,假设车道边线L_1和L_2分别与OX轴交于点$P1(X1,0,0)$和$P2(X2,0,0)$,图像上分别对应点$p1(u1,0)$和$p2(u2,0)$。由式(5-41)可以得到$u1$和$u2$。

$$u1 = f\frac{X1}{F}, u2 = f\frac{X2}{F} \tag{5-47}$$

又由图5-10b)的几何关系可以得到:

$$X2 - X1 = w\sec\theta \tag{5-48}$$

记$\Delta u = u2 - u1$,则由式(5-47)、(5-48)以及$h = F\sin\phi$可以得到摄像机的高度如下。

$$h = f\frac{X2 - X1}{\Delta u}\sin\phi = \frac{fw\sin\phi}{\Delta u \cdot \cos\theta} \tag{5-49}$$

2)考虑$\theta = 0$,即摄像机与车道线的水平偏角为0的情况

由式(5-45)可知,当$\theta = 0$时,u_0'趋于无穷大,此时要获取车道线垂直方向上的"消失点"在图像上的坐标是不可能的,因此不能直接通过"消失点"的值来计算摄像机的参数。而由式(5-43)和式(5-45)相乘可以得到:

$$\begin{aligned} u_0 u_0' &= -f^2\sec^2\phi = -f^2(\tan^2\phi + 1) \\ &= -(f^2 + v_0^2) \end{aligned} \tag{5-50}$$

从式(5-50)可知,u_0u_0'是与 θ 无关的,它可以利用焦距和平行于车流方向上的“消失点”来计算得到,因此可以间接通过 u_0u_0'的值来解式(5-46)中的摄像机参数。在焦距保持不变的情况下,利用云台摄像机,通过调整摄像机的角度(水平偏角和俯角)来获取一组可以同时得到水平和垂直方向上的“消失点”的参考图像,再利用这些参考图像的“消失点”来计算得到未知的摄像机焦距。因为在旋转云台摄像机时,焦距并不能完全保证不变,会发生微小的变化。通过这组参考图像得到一组焦距,再对它们进行均值处理来得到最终的摄像机焦距。最后,通过式(5-49)和式(5-50)就可以计算得到其他摄像机参数,从而实现“病态条件”下的摄像机标定。

$$\begin{cases} \phi = \arctan\left(\dfrac{v_0}{f}\right) \\ \theta = \arctan\left(-\dfrac{u_0\cos\phi}{f}\right) \end{cases} \tag{5-51}$$

式中,u_0 和 v_0 表示“病态条件”下,平行于车道方向“消失点”的图像坐标值。

3)光轴与车道线方向的夹角

由图 5-10 可知,光轴与车道线方向的夹角为 β。由几何关系和三角函数变换可以得到 β 与 ϕ、θ 的关系为:

$$\cos\beta = \cos\phi\cos\theta \tag{5-52}$$

所以,当 $\theta = 0$ 时,$\beta = \phi$;而当 $\theta = 90°$ 时,$\beta = 90°$。图 5-11 所示为图 5-10a)中光轴 CO 与 L_4 的侧视图。

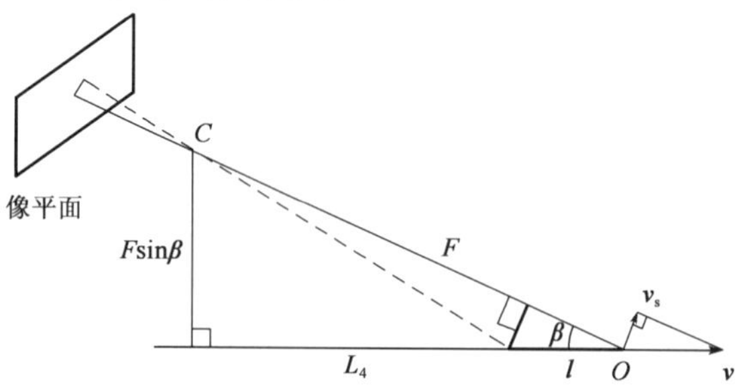

图 5-11 光轴与车道平行线 L_4 的侧视图

由图5-11可以看到，摄像机观察到的一段长为l、端点在O点的线段的实际大小应为该线段在垂直于光轴方向的投影，长度为$l\sin\beta$，所以，当θ由0增大到90°时，β则由ϕ增大到90°，摄像机观察到的物体的长度将会变长。此时，若通过的实际车速为$\boldsymbol{v}$，则摄像机观察到的速度应为$\boldsymbol{v}_s = \boldsymbol{v}\sin\beta$，所以摄像机观察到同一速度下沿不同方向运动的物体的速度也会不同，纵向运动的物体速度最小，而横向运动的物体速度最大。

5.5.3.4 案例分析

下面通过两个不同道路监控场景进行测试。验证前，需要找出场景中两组互相垂直的平行线，但是，由于不同的场景会存在较大的差异，因此，选取的方法也有所不同。可以分为以下两种情况：

1）场景中可以直接找到与车道线垂直的直线

这种情况常见于多车道的路段，并且在这些路段中具有两组或以上的白色虚线，那么，垂直于车道方向的直线就可以通过连接相应的虚线端点来找到，如图5-12中鲜绿色箭头标线所示。另外，借助于人行斑马线和公交车站中的白色虚线块也可以提取到所需要的垂直车道方向上的直线。

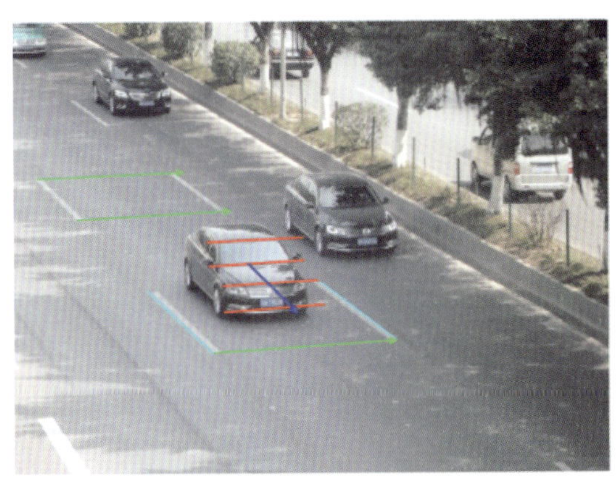

图5-12 场景中平行和垂直车道方向的线

2）场景中不能直接找到与车道线垂直的直线

这种情况可以采用人工现场标志和非人工标志两种方式。人工现场标志是通过在交通场景中放置T形架来实现，即将T形架的底边与车道线平行，则另一端线为车道方向的垂直线；非人工方式可以通过自动提取直线的方式[36]，或者通过车辆的对称性来提取，如车窗的角点、车灯、车牌和车辆的底部边缘等[37]。

图5-13对两个不同的场景进行了试验，并对场景中两条已知长度的线段进行了验证，结果见表5-1。从表中的结果可以看到，该方法取得了较高的标定精度，能够适应交通场景摄像机标定的精度要求。

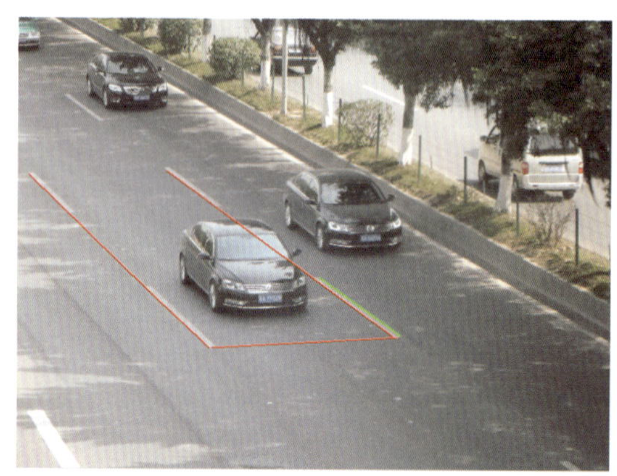

a)

b)

图5-13　两个不同的测试场景

a)测试场景1；b)测试场景2

试验结果 表5-1

参数	图5-13a)	图5-13b)
已知	车道宽度 $w=3.5$m;白色虚线(图中绿线)长度 $l=6$m	车道宽度 $w=3.35$m;公交站白色虚线(图中绿线)长度 $l=5$m
中间量	消失点的坐标: $u_0=-5\,181.3$ $v_0=3\,661.3$ $u_0'=8\,379.7$ $\Delta u=1\,122.5$	消失点的坐标: $u_0=2\,493$ $v_0=2\,845.7$ $u_0'=-3\,097.1$ $\Delta u=1\,125.7$
恢复值	摄像机参数: $f=20\,512.79$ 像素 $\phi=10.12°$ $\theta=-13.96°$ $h=11.58$m	摄像机参数: $f=8\,313.5$ 像素 $\phi=18.90°$ $\theta=15.84°$ $h=8.33$m
测试值	$l=6.29$m, 相对误差为:4.83%	$l=5.22$m, 相对误差为:4.4%

5.6 白天交通流参数计算

交通流三个重要参数包括:交通流量、交通流速度和交通流密度。其中,交通流量又称车流量,指的是单位时间内通过道路指定断面的车辆数,单位是辆/h或者辆/日等。交通流速度表示交通流流动的快慢,通常用车辆经过指定断面时的平均速度来衡量,单位是m/s或者km/h。交通流密度,指的是道路单位长度上所含有的车辆数,单位是辆/km,它表示了交通流的疏密程度。

摄像机标定后,还需要采用有效的算法来计算交通流参数。目前,采用基于视频的交通流参数计算方法的受关注度很高,它具有传统检测方法无法比拟的优势,例如不仅可以兼顾可视化监控,而且能够节约安装维护成本,实现多车道监控和检测多种交通流参数。

然而,基于视频的交通流参数计算也面临着一定的技术难点。尤其是在车流量较大,交通流密度比较拥挤的情况下,单帧图像中的车辆数较多,车辆之间难免会出现大量的粘连和遮挡。在这样的情况下,精确检测车流量将是一件极其困难的事情。单纯使用车辆检测和跟踪的方法来提取车流量不但耗时、影响系统的实时性,而且也会导致大量的车辆漏检和误检情况发生。

另外,由于白天与夜间场景的变化,目前没有统一的算法能够同时处理这两种情况。相对于白天的场景,夜间场景的处理也更复杂,在有路灯和没有路灯以及光照不一致的情况下也会给处理结果带来不一样的影响。

团块跟踪方法可以实现多辆车辆的检测和跟踪,是目前常见的车辆检测和跟踪算法之一。团块跟踪算法总体框架中的每个模块可以使用不同的算法来进行实现。它包括以下 5 大模块:前景检测模块、新团块检测模块、团块跟踪模块、轨迹生成模块和轨迹后处理模块。使用团块跟踪算法对于车辆稀疏的情况具有较好地处理效果,但是,对于高密度交通流的情况,由于车辆间出现大量的遮挡与粘连,前景检测模块和新团块检测模块一般都较难完整检测到单独的车辆目标,因此,使用该方法会造成大量的车辆漏检。而使用本书所提出的基于光流法的交通流检测,由于是通过检测车辆占有率和平均速度来统计高密度情况下的车流量信息,因此,即使是存在车辆粘连,也能够较好地提取路面的占有率,从而通过交通流理论的方法来提取所需要的车流量。光流法自身也存在缺陷,即当运动物体表面光滑、亮度一致时,光流法是检测不到物体中间像素点的移动的,而只能够检测到边缘特征点的移动,因此会造成占有率检测下降。

本章主要对系统中使用到的交通流参数提取算法进行了讨论,包括白天场景和黑夜场景两种不同的模式,从而构建出适应全天候工作的系统平台。

针对以上问题,本节对白天场景采用了基于光流的方法来提取交通流参数。对于白天场景的交通视频,首先通过光流法得到平均路面占有率和平均速度这两个交通流参数,而平均速度的计算还需要结合摄像机的标定,然后根据平均路面占有率的大小,使用不同的算法来统计车流量。对于高密度交通流的情况，使用基于交通流理论的算法，而对于密度较低的情况则使用脉冲计数器的原理来进行统计，通过这两种方法的配合使用，能够有效地提高车流量的正确检测率。针对夜间场景，5.7 节将介绍夜晚情况下基于车灯亮度直方图的车辆检测与跟踪算法来提取交通流参数的方法。

5.6.1 路面占有率

通常的交通流断面检测器检测得到的是安装断面的占有率，可以简单地认为是车辆通过时间的占有率。本书提出路面占有率的概念，该概念的提出是与车道模型密切相关的。可以考虑这样的情景，当知道某一道路平面上车辆的面积比例时，可以通过折算回实际的车辆占有面积再除以单辆车辆的实际面积得到实际的车辆数，也就是车辆在道路空间上的占有率。为此，求取车辆面积与道路平面的比例是关键。为了得到路面占有率，可以近似地通过图像上车辆与道路的面积比来计算得到。利用光流法，我们可以得到车辆运动点的分布情况，从而获取所需要的路面占有率。

另外，通过图像处理来计算路面占有率时还需要考虑摄像机拍摄角度的影响。如图 5-14a)、b)所示，当车辆由远及近行驶时，车辆在图像上的面积将会逐渐增大，同理，当车辆由近向远行驶时，它在图像上的面积就会逐渐减小。因此，不能简单地通过图像上的车辆面积与整个感兴趣路面区域相除来得到路面占有率。为了简化运算而又不失有效性，将感兴趣区域按上、中和下分为 3 个小区域，如图 5-14c)所示，再分别计算每个小区域中的占有率，最后对这 3 个值取平均来得到近似的路面占有率。

图 5-14d)为使用光流法得到的运动车辆的光流分布图，通过图中的运动点可以得到某一块小区域的路面占有率为：

$$p_i = \frac{n_i}{N_i}\sigma$$

$$\bar{p} = \frac{1}{3}\sum_{i=1}^{3} p_i \tag{5-53}$$

式中，p_i、n_i 和 N_i 分别表示第 i 块小区域的路面占有率、运动点数量以及该区域参与光流运算的像素点之和；σ 为调节因子；$\bar{p}$表示平均路面占有率。增加调节因子是为了降低光流法对运动的误检，这是因为光流法对像素的变化十分敏感，从而造成运动区域增大的情况，一般在程序中设置调节因子在0.85～0.95 的范围之内。

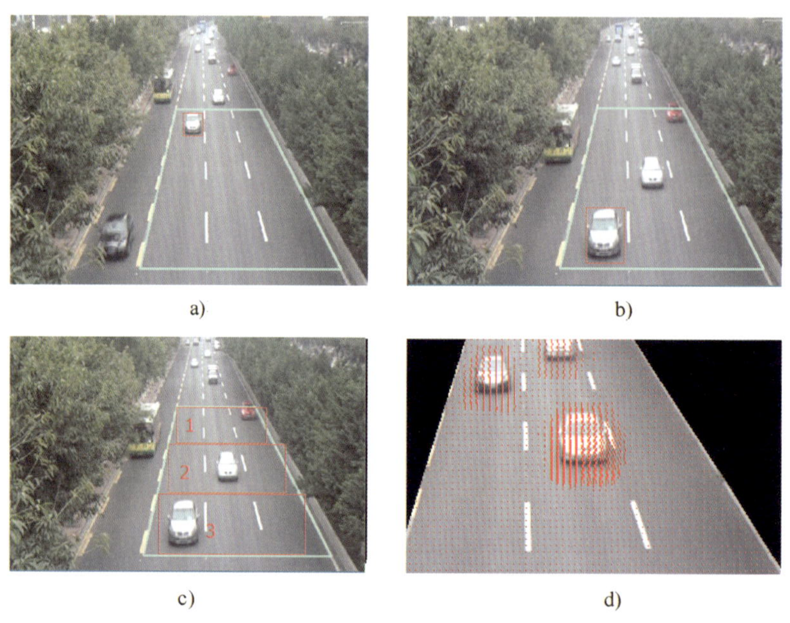

图 5-14　光流法提取交通流参数示意图

a）车辆远景图；b）车辆近景图；c）区域分块；d）光流图

5.6.2　速度

使用光流法还可以获取运动物体的运动矢量，从而得到物体的运动速度，如图 5-14d）所示。然而，这里所得到的速度还是像素级的移动速度，要转换成实际的车辆速度还需要对摄像机进行标定。利用摄像机的标定信息，容易得到车辆的实际速度。

5.6.3　流量

5.6.1 和 5.6.2 详细讨论了使用光流法来获取平均路面占有率和交通流速度这两个交通流参数，接下来将通过这两个参数来提取不同交通流密度下的车流量信息。在交通流密度较大的情况下采用交通流理论来对车流量进行统计，与此相反，则采用脉冲计数器的原理来进行车辆计数。

5.6.3.1　基于交通流理论的车流量计算

根据交通流理论，车流量 Q、交通流速度 v 和交通流密度 K 三者的关系如图 5-15所示，它们可用公式表示为：

$$Q = vK \tag{5-54}$$

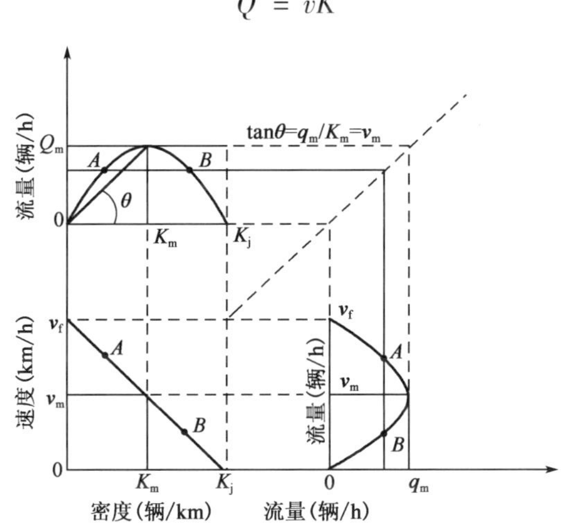

图 5-15　交通流各参数关系图

由于采用了平均路面占有率这一参数，它与交通流密度是不一样的概念，因此，需要进行适当的变换才能得到所需要的值。由上一节的分析可以知道，通过平均路面占有率、感兴趣车道区域的实际面积以及车辆的实际占有面积可以得到该区域内的车辆数，所以，交通流密度可以使用以下公式来表示。

$$K = \frac{\overline{P}S_R}{S_c L_R} \tag{5-55}$$

式中,K 为交通流密度(辆/km);$\overline{P}$为平均路面占有率;S_R 和 L_R 分别为感兴趣道路区域的实际面积(km^2)和实际长度(km^2);S_c 为车辆的实际面积(km^2)。

由于 $S_R = L_R W_R$,所以式(5-55)又可以表示为:

$$K = \frac{\overline{P} W_R}{S_c} \tag{5-56}$$

式中,W_R 为感兴趣道路区域的实际宽度(km)。而由国家道路标准规定可知,城市道路划分为4个等级,每个等级车道的宽度又是有规定的,一级公路单条车道的宽度为3.75m,二、三和四级公路单车道的宽度都为3.5m。考虑一般情况,可以将 W_R 设为3.5倍感兴趣区域内的车道数。基于交通流理论的车流量统计方法适用于高密度交通流的情况,具有运行效率快和精度高等优点。

5.6.3.2 基于脉冲计数器原理的车流量计算

除使用交通流理论方法来获取车流量外,本书介绍一种基于脉冲计数器原理的车流量统计方法,该方法普遍适用于交通流密度不大的情况,用于高密度的情况则会产生较大的误差。在前面章节介绍了常用的基于视频的目标检测技术,利用这些技术可以检测出当前帧的车辆目标。但是,视频中同一辆车可以出现在多帧图像中,因此,单纯从帧图像中检测出车辆目标会导致重复计数。常用的解决办法是在车辆检测的基础上加入跟踪算法,从而确定同一辆车只计一次,避免计数重复。而使用脉冲计数器的方法则可以省去跟踪步骤,提高车流量的检测效率。

脉冲计数器是基于这样的原理:在一个较窄的车辆检测区域,假设有一辆车经过时,车辆数标志位由0变为1,一直持续到车辆退出该区域,标志位再恢复为0,此时,通过检测上升沿脉冲的个数即可得到实际通过的车辆数。图5-16为脉冲计数器统计车辆数的原理示意图。

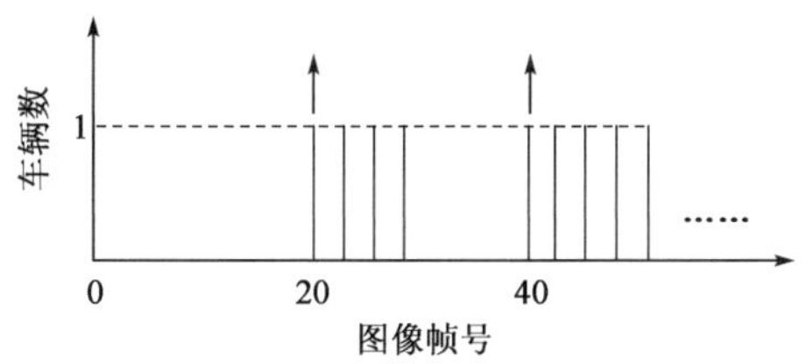

图 5-16　脉冲计数器原理示意图

5.7　夜间交通流参数计算

前面阐述了白天的交通流参数计算,由于在实际应用中需要对全天的交通流进行检测,因此,夜间交通流参数检测也是非常重要的。为了能够在夜间光照不足的情况下,还能够提取交通流参数,则需要有针对性的夜间车辆检测和跟踪算法。目前,国内外学者提出了很多针对夜间场景的车辆检测和跟踪方法,本节首先简要介绍现有的夜间车辆检测算法,然后针对夜间照明情况较差的情况,本书提出了基于亮度直方图的检测和跟踪算法。该算法首先通过图像预处理提取明亮的车灯块,然后统计不同的车道亮点的个数,得到亮度直方图,最后根据直方图的峰值个数以及匹配算法来进行车辆的检测与跟踪。

5.7.1　夜间车辆检测概述

相对于白天场景的车辆检测,夜间检测的技术存在一定的难度。在夜间,光照情况一般不均匀,有路灯和无路灯以及路灯照射强度的不同都会给车辆检测带来很大的影响。此外,夜间车辆还会受到路面灯光反射、来车强光照射和车辆挂饰灯等因素的干扰,从而导致车辆误检和漏检情况的发生。

夜间道路往往由于照明情况较差,车身的能见度一般都较低,因此可用来检测的车辆特征也较少,这给夜间车辆的检测带来了一定的困难。为了解决这个难题,有学者从硬件改进的角度出发,提出利用红外摄像机改善照明情况来获取高质量的夜间视频图像,从而降低车辆检测的难度。但红外摄像机的成本较高,而且不能消除来车强光和路面反光的影响。目前,更多的研究还是从算法的角度,通过改进夜间车辆检测算法来提升夜间场景的处理能力。唐佳林等人提出帧差法来提取感兴趣区域,抑制夜间因车灯变化所产生光晕的影响,根据估计的概率,引入“疑似车辆”和“确定车辆”来消除随机噪声和车辆断层所引起的车辆误检[38]。李从生等人采用相邻帧差和隔帧帧差相结合的方法来检测夜间车辆,并运用梯度滤波的方法来消除车灯的路面反光[39]。但由于帧差法的自身缺点,上述两种方法都不可避免地造成车辆目标出现“空洞”情况。Wang 等人提出了两层的夜间车辆检测器,第一层通过形态学处理和亮块形状分析来提取车辆的前灯位置,第二层通过 Adaboost 分类器学习车灯对是否属于同一辆车[40]。Robert 提出了多车检测、分类和跟踪的框架,首先通过前车灯对的检测来定位车辆目标位置,然后使用决策树的方法,如神经网络(ANN)或者支持向量机(SVM),来确定不同的车辆目标,最后通过卡尔曼滤波器来完成车辆的跟踪[44]。上述两种方法都通过前照灯进行检测定位,有的研究者则提出了使用车尾灯的方法,如文献[42],该文中使用的是车尾灯偏红的特征来进行检测,然而,这一特征的局限性较大,特别是在图像质量较差的情况下,车尾灯常常只是一片白色的亮块区域。

为了能够分割出每一辆车,上述方法常常还需要对车灯进行配对,有的研究者是通过加入人为的判断准则,如车灯对的水平和垂直距离约束等,有的则是通过模式识别的方法,如 Adaboost 分类器学习和支持向量机等,然而这些方法通常会因为车灯对检测的不完整而造成较大的误差,从而导致车辆的漏检和误检。

5.7.2 车辆检测

为了解决夜间视频图像质量较差的情况,车灯对检测不完整以及车尾灯偏红特征不适用的问题,本书提出了一种基于亮度直方图统计的方法,该方法不但适用于车尾灯的检测,而且对前照灯的检测也同样适用。图 5-17 为夜间场景的交通视频图像,为了有针对性地说明问题,本书后续的算法主要通过所选取的图 5-17a) 和 d) 两个不同的场景来进行验证,分别记为视频 Video1 和 Video2。

图 5-17 夜间道路视频图像

a) 场景 1;b) 场景 2;c) 场景 3;d) 场景 4

注:a) 和 b) 对应车尾灯的情况,c) 和 d) 对应前照灯的情况。

由图 5-7 可以看出,车灯是夜间车辆唯一的显著特征,像白天能够使用到的边缘检测、特征点提取和背景差分等在夜间环境下都不再适用。因此,夜间车辆的检测需要依赖于车灯的正确提取。从图中也可以发现,前照灯和车尾灯都具有明显的亮块区域,而且大车上还有不止一组的车灯,包括车顶灯和挂饰灯等,另外,受车灯强光照射的影响,路面还会出现大片的反射光,

因此,利用基于直方图的统计方法可以较好地处理这个问题。它的基本原理是:对车灯块按照质心的位置投射到相应的车道上,然后计算该车道上车灯块水平投影上的亮点个数,最后根据每个车道上直方图的峰值位置和个数即可以得到车辆的大致位置和数量。

图 5-19a) 和 b) 分别为图 5-18 中 a5) 和 b5) 所对应的两个亮度直方图,其中 x 轴表示图像中水平方向的像素位置,对应着车辆的纵向移动距离,y 轴表示图像水平线上的亮点累加个数,x 轴上的几条分隔纵线代表不同车道的分割线,分别对应着感兴趣道路区域中从左到右的每一条车道。事实上,每个车道对应的 x 轴坐标是一致的,为了更加直观地观察,将不同的车道统一画在同一个坐标轴上。从图中可以很方便地观察到,它们所对应的车辆数分别为 1 和 3。

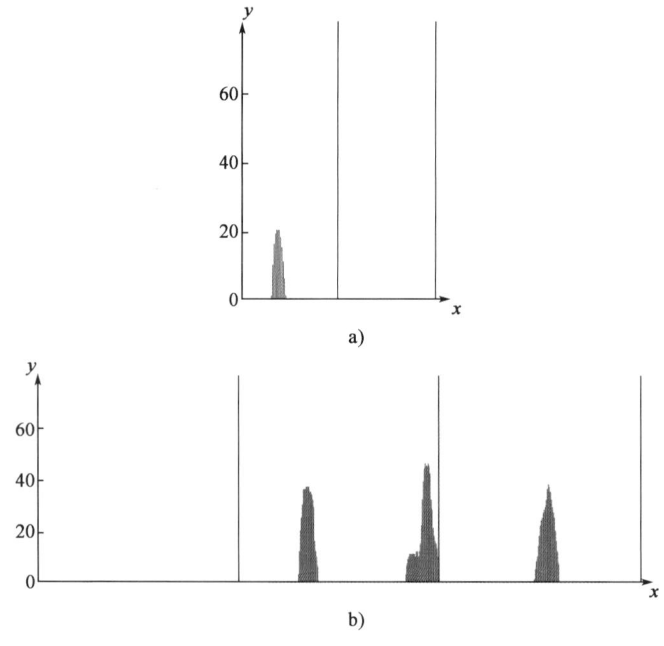

图 5-19　亮度直方图

a) Video1 第 22 帧图像的两车道亮度直方图;b) Video2 第 782 帧图像的三车道亮度直方图

5.7.3 车辆跟踪

由图5-19得到的亮度直方图可以检测出车辆的数目,然而这个车辆数是针对当前帧图像的。如果直接使用该数值进行累加统计,必然会导致车辆的重复计数。通常,在车辆检测的基础上加入跟踪环节,避免计数重复,从而得到实际的车辆数。

通过对多帧图像进行亮度直方图统计可以发现,同一辆车在相邻帧的亮度直方图的形状基本上是保持不变的,如图5-20所示。因此,可以利用同一车道上的“山峰”直方图进行匹配来实现车辆的跟踪。

通常,基于亮度直方图的匹配步骤为:首先需要将相邻帧亮度直方图的每个“山峰”区间提取出来,然后按照同车道相比较的原则,对每个区间中的直方图进行比较,找到最接近的一个,从而完成配对跟踪。当要比较的两个直方图区间大小不一致时,按照小区间直方图由中间向外插值的方式来进行补全。

直方图的比较方法主要有以下4种[43],其中记$d(H_1,H_2)$表示为两个直方图H_1和H_2的计算距离。

(1)相关计算:

$$d(H_1,H_2) = \frac{\sum_{i,j} H'_1(i) H'_2(j)}{\sqrt{\sum_{i,j} H'^2_1(i) H'^2_2(j)}} \tag{5-58}$$

式中,$H'_n(k) = H_n(k) - \left(\frac{1}{N}\right)\left[\sum_k H_n(k)\right]$;$N$为直方图的区间大小。使用相关计算得到的距离越大则匹配程度越高,它的取值范围在-1到1之间,其中1表示完美匹配,-1表示完全不匹配。

(2)卡方(Chi-square)距离:

$$d(H'_1,H'_2) = \sum_{i,j} \frac{\left[H_1(i) - H_2(j)\right]^2}{H_1(i) + H_2(j)} \tag{5-59}$$

使用卡方距离得到的值越小表示匹配的程度越高,其中0表示完美匹配。

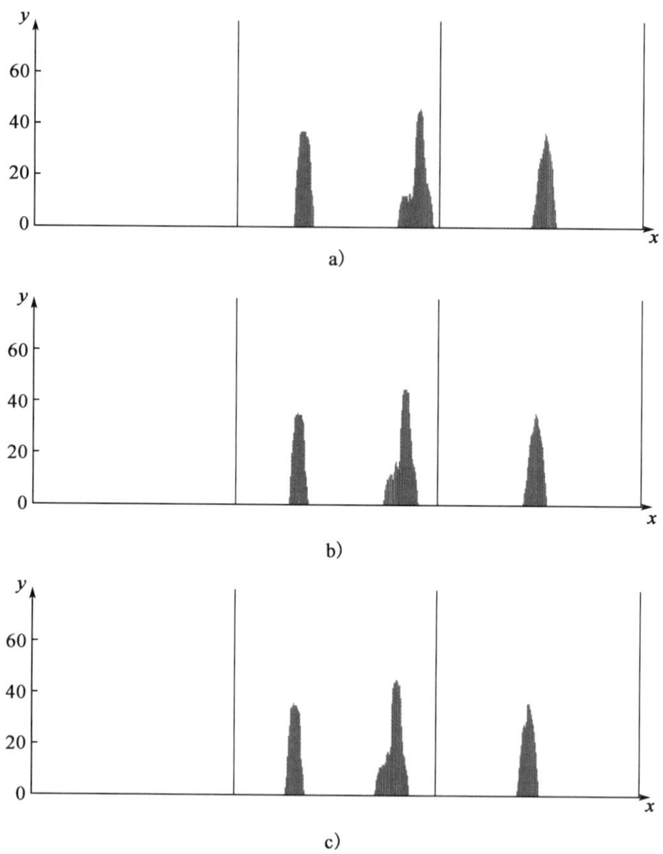

图 5-20　亮度直方图

a)视频 Video2 第 783 帧的图像;b)视频 Video2 第 784 帧的图像;c)视频 Video2 第 785 帧的图像

(3)相交方法:

$$d(H_1,H_2) = \sum_{i,j}\min[H_1(i),H_2(j)] \tag{5-60}$$

使用相交方法得到的距离值越大表示匹配的程度越高,如果两个直方图都进行了归一化处理,那么距离值为 1 时表示完美匹配,为 0 时表示完全不匹配。

(4)巴氏距离:

$$d(H_1,H_2) = \sqrt{1 - \sum_{i,j}\frac{\sqrt{H_1(i)H_2(j)}}{\sqrt{\sum_i H_1(i)\sum_j H_2(j)}}} \tag{5-61}$$

使用巴氏距离得到的值越小表示匹配程度越高，其中 0 表示完全匹配，1 表示完全不匹配。

目前，常用的夜间车辆检测和跟踪方法主要是通过车灯对的检测和匹配来实现的。该方法首先通过亮块检测，再计算圆形度（即与圆形的相似程度）来进一步提取车灯块，接着根据不同车灯块的水平和垂直距离等来实现车灯的配对，并保留剩余的奇数车灯点作为持续跟踪目标，最后再通过前后帧车灯对的距离来实现车灯对的跟踪[44]。使用该方法一般对于车灯对完整且车灯形状规则的情况比较有效，但是对于车尾灯粘连以及大型车辆多个前照灯粘连等造成车灯形状不规则的情况，则会造成车辆的漏检。图 5-21 所示为实际场景中由于车灯粘连所导致的车灯形状不规则的示意图。

a)

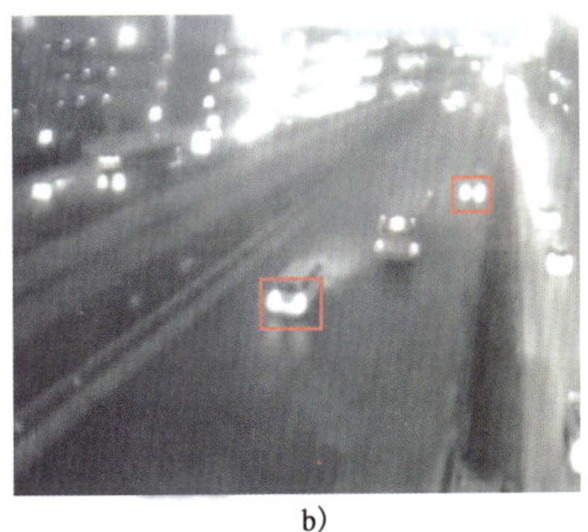

b)

图 5-21　车灯粘连导致车灯形状不规则示意图

a）大货车前照灯粘连；b）车尾灯粘连

考虑到算法的易用性和量度的方便性，本书采用了卡方距离来计算两个区间直方图的差异，然后选择统计结果中最小的卡方距离与设置的阈值进行比较，从而确定两个“山峰”区间直方图是否匹配。最后，根据“山峰”直方图的区间回溯遍历连通域的质心，当出现多个质心时，使用这些质心的平均值来作为一辆车的车灯中心位置，把这些中心位置连接起来即可以得到夜间车辆的运动轨迹。

图 5-22 为夜间车辆跟踪的结果图。其中，黑色圆点表示车灯块的质心

位置，黑线表示运动轨迹，数值表示当前车辆所对应的序号。由图可知，使用直方图匹配的方法能够有效地跟踪车辆所在的车灯块，从而实现预期的跟踪效果。

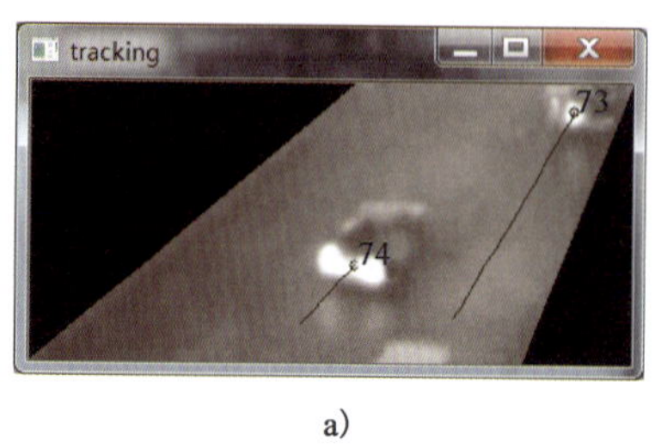

a)

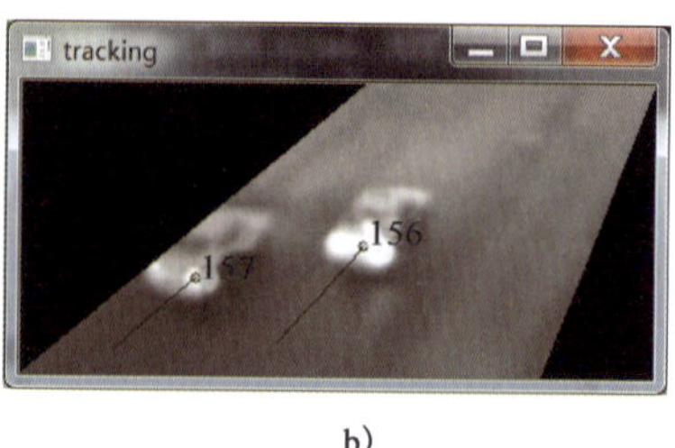

b)

图 5-22　夜间车辆跟踪的结果图

a)结果 1；b)结果 2

上面结果显示，本书所提出的基于亮度直方图的方法由于不需要考虑车灯的形状，因此，对于这些不规则的车灯也能实现检测和跟踪。而且，由于车灯对在水平方向上进行累积叠加，也使得该方法不需要进行配对操作，而只需要通过亮度直方图的峰值区间就可以确定车灯的位置，因此使用起来也更方便直观。但是，由于该方法是建立在相邻帧车灯亮度变化不大的基础上的，因此，对于车灯突然发生改变的情况会较为敏感，从而导致车辆跟踪失败，并误检为新的车辆，这也是该方法所存在的缺陷。

5.7.4　交通流参数计算

通过对夜间车辆检测和跟踪，可以得到每一时刻 t 之前所统计到的车辆总数，然后利用前后两个时刻车辆数之差就可以得到预定时间间隔内通过的车流量。设时间间隔为 Δt，前一时刻 t_1 所通过的车辆数为 N_1，后一时刻 t_2 所通过的车辆数为 N_2，其中 $\Delta t = t_2 - t_1$，则在该时间段内通过的车流量为：

$$N_{\text{flow}} = N_2 - N_1 \tag{5-62}$$

而由每帧图像检测到的车辆数(设为 n)，我们可以计算当前车辆在感兴趣区域内的占有率，如下所示。

$$p = \frac{n \cdot \overline{S_{\text{car}}}}{S_{\text{ROI}}} \tag{5-63}$$

式中，$\overline{S_{\text{car}}}$表示车辆的平均实际面积($m^2$)；$S_{\text{ROI}}$表示感兴趣区域的实际面积($m^2$)。然后通过计算设定时间内占有率的平均值就可以得到平均路面占有率这一参数。

对于平均速度的计算，可以由车辆跟踪的结果得到车辆在视频序列图像中所经过的一系列运动轨迹点，然后根据摄像机标定的结果计算车辆实际移动的距离，再除以对应的时间间隔就可以得到具体的车辆速度，从而实现交通流参数的提取。

5.8 系统设计与实现

本节主要介绍基于视频图像处理技术的交通流参数提取系统的主体框架，以及视频图像采集和交通流参数提取等模块的开发和实现。该系统是在Windows平台下使用Qt和OpenCV来进行开发的，由于这两个开发工具都具有跨平台特性，系统也能够很方便地移植到Linux系统上，适应嵌入式设备的运行要求。

5.8.1 系统框架设计

基于视频图像处理技术的交通流参数提取系统主要包括视频采集和视频后处理两大部分。它涉及硬件与软件系统的联合开发与集成。道路沿线安装的监控摄像机为本系统的视频采集提供了必要的硬件前提，前面各章节介绍了道路监控摄像机标定以及白天与夜间交通流参数提取算法，为视频图像后处理提供了算法基础。从采集视频图像到计算交通流参数这一过程，可以把系统的架构细分为以下5个部分：视频采集模块、摄像机标定模块、车辆检测与跟踪算法模块、交通流参数提取模块和数据库存储模块，如图5-23所示。

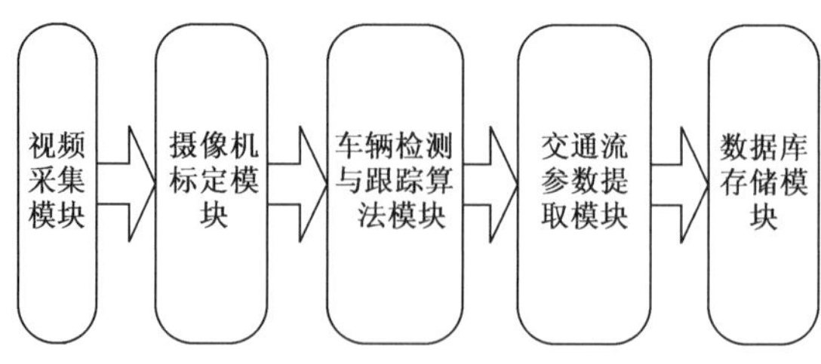

图 5-23　系统框架图

视频采集模块不仅能提供可视化的道路监控画面,也能为后续的视频图像处理模块提供序列图像来源。摄像机标定模块是为了建立视频图像平面与实际道路平面的联系,以便能够计算出准确的交通流参数。车辆检测与跟踪模块主要实现白天与夜间两种不同场景的车辆检测和跟踪,为交通流参数的提取提供可靠的算法依据。另外,为了能够方便地查询和分析历史交通流信息,本系统还加入了数据存储的功能,将采集到的交通流参数存储到数据库中。同时,考虑到数据存储量的问题,系统采用了 SQL Server 数据库来进行存储。

5.8.2　视频图像采集

本系统的视频来源可以分为两部分:网络摄像头传输的视频流和本地视频。其中,通过网络摄像头传输采集的视频是实时的道路监控视频,是本系统的主要视频来源;而本地视频指的是存储在计算机中的视频文件,它的目的主要是为了在连接不上网络摄像头的情况下也能通过本地的交通视频文件对系统的功能进行测试和验证。

5.8.2.1　网络摄像头视频源

目前,大多数高速公路、国省干道和城市道路沿线都安装了大量的监控摄像机,通过它们能够观察到实时的道路交通状况。而这些摄像机一般都是通过网络方式来传输视频流的。因此,需要特定的 IP 地址和访问权限才能与它们建立连接。通常来说,网络摄像头的访问需要配置以下的信息:IP 地

址、协议类型、端口号、用户名、密码和通道号。前 3 个参数表示网络摄像头的网络信息，用户名和密码表示访问网络摄像头的权限，通道号表示网络摄像头的通道标识。

根据设计的需求，本系统能够兼容目前市场上常见的几种网络摄像机，包括海康威视、浙江大华等。然而，这几个厂家提供的 SDK 通常会因为使用同样命名的结构体而发生头文件冲突的情况，为了解决这个问题，本系统在开发的过程中将冲突的头文件放在了不同的命名空间下，从而有效地避免了冲突的发生。

除此之外，摄像机的访问过程基本上是一致的，可以用图 5-24 所示流程来表示。

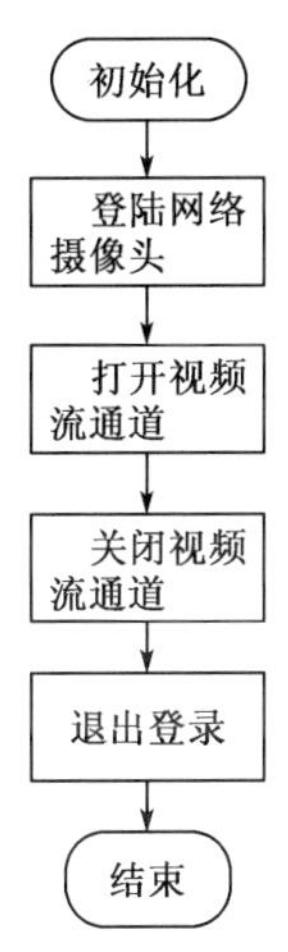

图 5-24　网络摄像头流程图

在打开视频流通道之后，系统将会通过回调函数的方式把视频流实时传输回来。然而，这时候所获取到的视频流是 yv12 格式的视频，直接显示的话会存在严重的色差问题。因此，需要将 yv12 格式转换成 *YUV* 4 ∶4 ∶4 格式，然后再把该格式转换成 *RGB* 格式图像，图 5-25 为 yv12 格式转换成 *YUV* 4 ∶4 ∶4 格式的函数代码。

图 5-26 为本系统中网络摄像头的配置画面。其中，红色方框 1 所在的区域为网络摄像头的配置参数，方框 2 为可选的网络摄像头类型。通过配置好参数，然后点击图中右上角区域的“预览”按钮，即可以查看到实时的交通视频画面。

5.8.2.2　本地视频源

本地视频源指的是保存在计算机存储器中的视频文件，如常见的 AVI 视频。这部分的功能主要是为了方便对系统进行测试和验证使用。本地视频的加载可以通过 OpenCV 的 VideoCapture 类来进行操作，包括打开视频源、获取视频帧图像和关闭视频等。

```
void CameraHK::buf2YUV( char *outYuv, char *inYv12, int width, int height,int widthStep )
{
    int col,row;
    unsigned int Y,U,V;
    int tmp;
    int idx;

    for (row=0; row<height; row++)
    {
        idx=row * widthStep;
//      int rowptr=row*width;

        for (col=0; col<width; col++)
        {
            tmp = (row/2)*(width/2)+(col/2);

            Y=(unsigned int) inYv12[row*width+col];
            U=(unsigned int) inYv12[width*height+width*height/4+tmp];
            V=(unsigned int) inYv12[width*height+tmp];

            outYuv[idx+col*3]   = Y;
            outYuv[idx+col*3+1] = U;
            outYuv[idx+col*3+2] = V;
        }
    }
}
```

图 5-25　yv12 格式转换成 *YUV* 4 ：4 ：4 格式的函数代码

图 5-26　网络摄像头配置画面

5.8.3　交通流参数计算

交通流参数计算是本系统的核心组成部分，它是结合车辆检测与跟踪算法以及摄像机标定来完成的。系统提取的交通流参数主要包括：车流量、平均车辆速度和平均路面占有率。为了满足全天工作的需求，系统针对白天与夜间两种不同的场景设计了不同的算法，白天场景主要使用光流法来进行处

理,而夜间场景则使用基于亮度直方图的方法。

5.8.3.1 车流量

为监控道路交通状况,需要获取某一时间内通过道路断面的车辆总数,用以衡量道路的交通状况,这个车辆数就是通常所说的车流量。而车流量的计算主要是建立在车辆检测与跟踪算法的基础上。利用车辆检测算法提取的车辆数是针对单帧图像得到的结果,需要加入车辆跟踪环节才能有效地避免重复计数,从而获取准确的车流量信息。考虑到交通道路的特性,车辆行驶的前进方向一致,因此,可以通过设置车辆检测区域的方法来进行车辆计数。当车辆驶入检测区域时,车辆数由 0 变为 1,直到车辆驶离该区域,车辆数再由 1 变为 0,这时候上升沿脉冲的个数即为通过的车辆数。为了加快系统的运行效率以及去除干扰区域的影响,系统在检测和跟踪车辆的过程中设置了感兴趣区域(ROI),如图 5-27 红色箭头 1 所示的浅蓝色矩形框,并且在感兴趣区域内再设置了一个小的区域块,用来作为车辆的计数区域,如图 5-27 红色箭头 2 所示的浅蓝色矩形框。

图 5-27 感兴趣区域和计数区域

在计数区域内,由于存在多条车道的情况。因此,车辆的计数需要考虑车道的影响。当前帧图像车辆计数的公式表示如下:

$$N_{cur} = \begin{cases} \lfloor P \cdot N_{lanes} \rfloor, & |\lfloor P \cdot N_{lanes} \rfloor - P \cdot N_{lanes}| \leq \sigma \\ \lfloor P \cdot N_{lanes} \rfloor + 1, & \text{其他} \end{cases} \tag{5-64}$$

式中,P 为计数区域内的路面占有率,符号$\lfloor x \rfloor$表示不大于 x 的最大整数;N_{lanes}表示车道数;σ 表示阈值变量,用于取整时以多大概率认为是一辆车,如当 $\sigma=0.3$ 时,2 和 2.1 都表示为 2 辆车,而 2.5 则表示 3 辆车。所以,基于脉冲计数器原理的车辆统计公式为:

$$\begin{cases} f_{cur} = f_{pre} + (N_{cur} - N_{pre}) \cdot H(N_{cur} - N_{pre}) \\ f_{pre} = f_{cur} \\ N_{pre} = N_{cur} \end{cases} \tag{5-65}$$

式中,f表示在某个时间点前通过的车辆数,$H(x) = \begin{cases} 1, & x > 0 \\ 0, & x \leqslant 0 \end{cases}$。

根据以上原理,白天情况下车流量统计的算法步骤如下:

(1)选取感兴趣区域,初始化变量为0。

(2)计算当前帧图像的光流。

(3)计算感兴趣区域内的平均路面占有率和计数区域内的车辆数N_{cur}。

(4)按照式(5-65)计算当前时间内通过的车流量f_{cur}。

(5)判断当前时间是否在统计时间内,若是,重复以上步骤(2)至(4);若否,则判断统计时间段内的平均路面占有率是否大于设定的阈值。若是,则按照交通流理论的方法来计算车流量;若否,则按照脉冲计数器的原理输出当前的车流量f_{cur},并将式(5-65)中的车辆数f_{pre}和N_{pre}重置为0。

(6)重复上述步骤,得到每个时间段内的车流量。

夜间情况下,车流量统计的算法步骤如下:

(1)使用阈值分割函数获取二值图像;

(2)对二值图像进行形态学"开"运算处理,得到亮块区域;

(3)提取连通域并去除面积大的地面反射光区域,得到更准确的车灯区域;

(4)根据质心所在车道的位置,将该连通域的亮块按照水平方向叠加得到该车道上的亮度直方图;

(5)统计亮度直方图"山峰"波形的起止位置,使用直方图匹配的方法找到相邻帧之间相似的波形,当匹配次数大于设定值时,车辆数加1;

(6)输出统计时间内的车辆数即为所需的车流量,并重置车辆数为0;

(7)重复以上步骤,得到各个时间段内的车流量。

5.8.3.2　平均车辆速度

平均车辆速度的计算是与车辆跟踪算法以及摄像机标定紧密相关的。平均车辆速度的计算过程可以描述为：首先利用跟踪算法找到运动目标在图像上的移动距离，然后利用摄像机标定方法找到该移动距离所对应世界坐标下的实际长度，再除以时间间隔就可以得到真实的速度值。

设运动物体的质心由图像上的点 $p_1(x_1, y_1)$ 移动到点 $p_2(x_2, y_2)$，它们经摄像机标定后的世界坐标分别为 $P_1(X_1, Y_1)$ 和 $P_2(X_2, Y_2)$，移动过程的时间间隔为 Δt，则运动物体的速度为：

$$v = \frac{\sqrt{(X_1 - X_2)^2 + (Y_1 - Y_2)^2}}{\Delta t} \tag{5-66}$$

5.8.3.3　路面占有率

路面占有率表示感兴趣区域内车辆的面积与感兴趣区域面积的比例。在白天场景中，使用光流法检测到运动物体后，可以根据运动点的分布来计算平均路面占有率。但是，对于场景中车辆停止运动以及夜间的情况，该方法是不适用的。因此，需要使用其他的方法来进行检测。

对于白天的场景，当出现交通堵塞，车辆停止运行时，使用光流法检测到的车辆速度为0。此时，检测运动点，其占感兴趣区域的比例也为0，此时所得的占有率显然是不正确的。因此，我们进一步通过采用前面介绍的 Adaboost 分类器的方法来检测车辆。设检测到的车辆数为 N，则路面占有率应为：

$$P = \frac{N \cdot (L_c + D_c) \cdot W_c}{S_{\mathrm{ROI}}} \tag{5-67}$$

式中，P 为路面占有率；L_c、D_c 和 W_c 分别表示车身长、车距和车身宽(m)；S_{ROI}表示感兴趣区域的实际面积(m^2)，可以通过摄像机标定后将图像上的距离转换成实际中的距离来获取。

对于夜间的场景，由于都是通过定位车灯区域来获取车辆数的，因此路面占有率也可以通过式(5-67)来计算。

图 5-28 为系统的核心算法流程图。

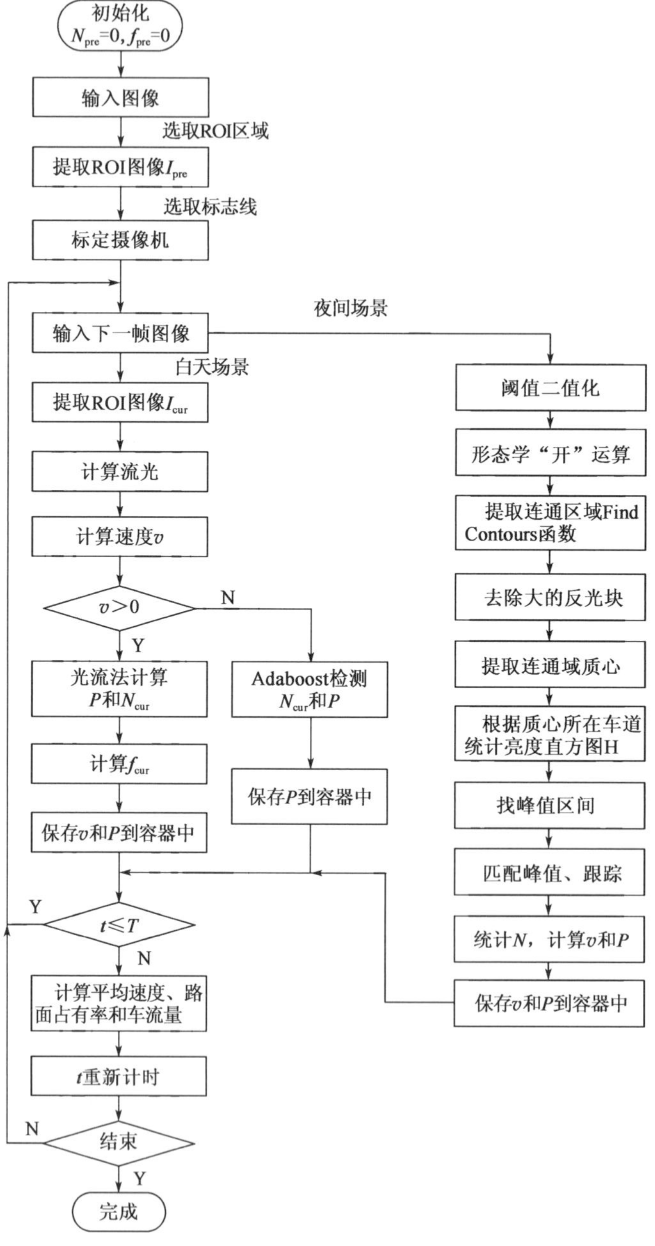

图 5-28　系统核心算法流程图

5.8.4　案例分析

根据以上的系统架构，分别对白天与夜间两种不同的场景进行了测试。其中，白天场景的测试视频为3段，每段时长都为15min，针对不同的交通流密度进行测试；夜间场景的测试视频为两段，每段时长为5min。记白天的视频分别为白天1、白天2和白天3，夜间的视频分别为夜间1和夜间2。测试用的计算机CPU为i5四核，主频为3.2GHz，内存为8G。图5-29为该系统对白天与夜间场景的测试演示图，其中输出的数据以5min为基准。

a)

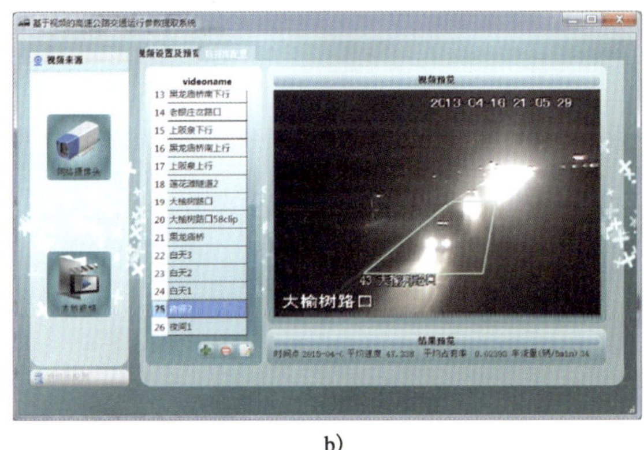

b)

图5-29　系统测试演示图

a)白天场景；b)夜间场景

5.8.4.1 车流量测试

表5-2中,白天1的车流量较小,测试得到的车辆数为40辆,人工统计的真实车辆数为41辆,准确度为97.56%。造成车辆漏检的原因是车辆跟车太紧导致光流在小片的计数区域内发生连续的变化,从而在利用脉冲计数器时发生漏统计的情况。白天2和白天3的车流量都较大,准确度分别为93.96%和98.60%,造成车辆多检的原因是出现多辆大型车辆。而利用交通流理论来统计车流量时使用的平均车辆面积小于大型车辆的真实面积,从而导致车辆数多检。

车流量测试结果　　表5-2

测试视频	测试值(辆)	真实值(辆)	准确度
白天1	40	41	97.56%
白天2	474	447	93.96%
白天3	868	856	98.60%
夜间1	240	257	93.39%
夜间2	34	38	89.47%

夜间1的照明情况较好,车流量较大,测试的准确度为93.39%,造成车辆漏检的原因是有的车辆车尾灯较暗,进行二值化和形态学处理之后被滤除掉。夜间2在没有路灯的条件下,照明情况较差,测试得到的车辆数为34辆,真实车辆数为38辆,准确度为89.47%,造成车辆漏检的原因是车辆前灯与路面反射光粘连在一起,被当作反射光去除掉。表5-2为车流量的测试结果,由表可得,白天场景的测试准确度在93%以上,在条件较恶劣的情况下,夜间场景的测试准确度达到了89%以上。

5.8.4.2 平均车速测试

根据场景中的交通状态以及车辆的实际运行情况,车速的真实值是在一个合理的范围内的,我们取该范围内的平均值来计算该路段车速的平均准确度。如表5-3中,白天2的交通场景,车流量较大,交通较拥堵,车速的范围在20~25km/h,如果车速服从平均分布,则平均车速为22.5km/h,而系统测试得到的车速为 19.32km/h，那么该路段车速的平均准确度为 85.87%。表 5-3为平均车速的测试结果，由表中的结果可以看出，平均车速的准确度一般达到了 93%以上。

平均车速测试结果 表 5-3

测 试 视 频	测试值(km/h)	真实值范围(km/h)	平均准确度
白天 1	69.88	70～80	93.17%
白天 2	19.32	20～25	85.87%
白天 3	42.27	40～50	93.93%
夜间 1	88.37	80～90	96.04%
夜间 2	47.34	40～50	94.80%

5.8.4.3 平均路面占有率测试

由于缺少一个很好的评估平均路面占有率真实值的指标，因此，本书在对平均路面占有率进行测试的过程中，将根据道路的实际交通情况来进行评估。白天 1 的交通流密度较小，测试得到的平均路面占有率为 7.35%，基本符合该道路的实际路况；白天 2 和白天 3 的平均路面占有率分别为 63.29%和 47.45%，交通流密度都较大，而且白天 2 和白天 3 的平均速度大概为20km/h 和 40km/h。因此，测试得到的平均路面占有率都较合理。夜间 1 和夜间 2 的平均路面占有率分别为 15.69%和 2.39%，分别对应车流量大和车流量小的两种情况，符合道路的实际情况。

5.9 本章小结

针对目前不断发展的智能交通系统中广泛应用的视频图像处理技术，本章重点介绍了基于视频图像处理技术的交通流参数提取算法的相关理论知识。交通流参数是监测道路交通状况的重要数据支撑，它为智能交通系统的宏观管理和控制提供了重要的数据来源。而基于视频图像处理技术的提取方法相对于其他使用断面检测器采集交通流参数的传统方法具有操作简单灵活、维护方便、不需要依赖专门的硬件设施以及不需要人工现场作业等优点,具有广阔的应用前景。

本章在介绍现有车辆检测与跟踪算法的基础上,结合交通道路的实际运行情况,分别针对白天与夜间两种不同场景,介绍了具有实际操作意义的交通流参数提取方法。

通常,车辆检测与跟踪方法是在检测单辆车的基础上进行的。然而,对于高密度交通流的情况,由于车辆之间出现大量的粘连与遮挡,往往会造成车辆的严重漏检。针对这种情况,本书利用光流运动点的分布和车辆在路面的占有情况之间的联系,介绍了一种基于交通流理论的车流量统计方法。针对交通流稀疏的情况,为提高系统的检测精度,介绍了基于脉冲计数器原理的计算方法。实验表明,采用这两种方法相结合的方式能够有效地提高车流量检测的准确度。

对于夜间场景,由于缺乏必要的光照条件,本章车灯是车辆的主要特征,因此需要通过车灯的提取来进行车辆的检测与跟踪。但是,很多情况下,车灯块的形状往往是不规则的,如车头灯、车尾灯和车顶灯等。针对这种情况,本专题提出了使用亮度直方图的方法来进行检测,以及利用直方图匹配的思想来实现车辆的跟踪。

为了得到实际的车辆速度,本章对摄像机的标定方法进行了详细研究。在介绍摄像机模型和传统摄像机标定算法之后,结合现有的交通摄像机标定方法,介绍了一种基于参考图像与路面信息的标定方法。该方法能够有效地避免人工现场作业,从而提高标定的效率。

交通场景往往会受到复杂天气环境的影响,如雾、雨、雪等,这将给车辆检测与跟踪算法带来极大的技术挑战。而实际应用中的信息化系统应该适应于不同气候条件,具有较高的鲁棒性和准确性。对于这些复杂环境的研究,本书没有深入地进行探讨,这也是当前交通视频图像处理中极具挑战的难题。因此,具有较强鲁棒性的信息化系统将具有重要的研究意义和现实应用价值。

本章参考文献

[1] 师海. Citilog视频系统在城市交通事件检测中的应用研究[D]. 上海:复旦大学, 2008.

[2] Soryani M., Clarke R. J.. Coding moving image sequences by segmentation of difference frames and motion-adaptive frame interpolation[J]. Electronics Letters, 1989, 25(12): 794-795.

[3] 张玲, 陈丽敏, 何伟, 等. 基于视频的改进帧差法在车流量检测中的应用[J]. 重庆大学学报: 自然科学版, 2004, 27(5): 31-33.

[4] Piccardi M.. Background subtraction techniques: a review[A]. IEEE international conference on systems, man and cybernetics[C]. Hague, Netherlands: 2004:3099-3104.

[5] Matsuyama T., Ohya T., Habe H.. Background subtraction for non-stationary scenes[A]. Proceedings of Asian Conference on Computer Vision[C]. Taiwan: 2000: 662-667.

[6] Cucchiara R., Grana C., Piccardi M., et al. Detecting moving objects, ghosts, and shadows in video streams[J]. IEEE Transactions onPattern Analysis and Machine Intelligence,2003, 25(10): 1337-1342.

[7] Prati A., Mikic I., Trivedi M. M., et al. Detecting moving shadows: algorithms and evaluation[J]. IEEE Transactions on Pattern Analysis and Machine Intelligence, 2003, 25(7): 918-923.

[8] Kuo C. M., Chang W. H., Wang S. B., et al. An efficient histogram-based method for background modeling[A]. IEEE Fourth International Conference onInnovative Computing, Information and Control (ICICIC)[C]. Taiwan: 2009: 480-483.

[9] Wren C. R., Azarbayejani A., Darrell T., et al. Pfinder: Real-time tracking of the human body[J]. IEEE Transactions onPattern Analysis and Machine In-

telligence, 1997, 19(7): 780-785.

[10] Koller D., Weber J., Huang T., et al. Towards robust automatic traffic scene analysis in real-time[A]. IEEE proceedings of the 12th IAPR International Conference on Pattern Recognition [C]. Jerusalem, Israel: 1994 (1): 126-131.

[11] Stauffer C., Grimson W. E. L.. Adaptive background mixture models for real-time tracking[A]. IEEE Computer Society Conference onComputer Vision and Pattern Recognition[C]. Fort Collins, Colorado, USA: 1999(2).

[12] Viola P., Jones M.. Rapid object detection using a boosted cascade of simple features[A]. Proceedings of the 2001 IEEE Computer Society Conference on Computer Vision and Pattern Recognition[C]. Hawaii, USA:2001(1): 511-518 .

[13] Viola P., Jones M.. Robust real-time object detection[J]. International Journal of Computer Vision, 2001,4: 34-47.

[14] 张建伟,张启衡. 基于直线边缘特征匹配的扩展目标跟踪方法[J]. 光学学报,2009,10:2826-2831.

[15] Wang H., Zhang L.. Object tracking based on local feature points[A]. IEEE 2010 3rd International Congress onImage and Signal Processing (CISP) [C]. Yantai, China: 2010: 349-352.

[16] Kass M., Witkin A., Terzopoulos D.. Snakes: Active contour models[J]. International journal of computer vision, 1988, 1(4): 321-331.

[17] Menet S., Saint-Marc P., Medioni G.. B-snakes: Implementation and application to stereo[A]. Proceedings DARPA[C]. 1990: 720- 726.

[18] Cohen L. D.. On active contour models and balloons[J]. CVGIP: Image understanding, 1991, 53(2): 211-218.

[19] Kim W., Lee C. Y., Lee J. J.. Tracking moving object using Snake's jump based on image flow[J]. Mechatronics,2001, 11(2): 199-226.

[20] Cohen L. D., Cohen I.. Deformable models for 3-d medical images using finite elements and balloons[A]. IEEE Computer Society Conference on Computer Vision and Pattern Recognition[C]. Fort Collins, Colorado, USA:1992: 592-598.

[21] Grinias I., Tziritas G.. A semi-automatic seeded region growing algorithm for video object localization and tracking[J]. Signal Processing: Image Communication, 2001, 16(10): 977-986.

[22] 管学伟, 刘先志, 罗镇宝. 基于区域协方差矩阵的目标跟踪方法[J]. 红外技术, 2009, 31(2): 99-102.

[23] Fang Y., Wang H., Mao S., et al. Multi-object tracking based on region corresponding and improved color-histogram matching[A]. IEEE International Symposium on Signal Processing and Information Technology[C]. Cairo, Egypt:2007: 1-4.

[24] Castella F. R.. An adaptive two-dimensional Kalman tracking filter[J]. IEEE Transactions on Aerospace and Electronic Systems, 1980, 6: 822-829.

[25] Pan M. C., Wu C. X.. Adaptive Vold-Kalman filtering order tracking[J]. Mechanical systems and signal processing, 2007, 21(8): 2957-2969.

[26] 邱茂林, 马颂德,李毅. 计算机视觉中摄像机定标综述[J]. 自动化学报, 2000, 26(1): 43-55.

[27] Abdel-Aziz Y. I., KararaH. M.. Direct linear transformation into object space coordinates in close-range photogrammetry [J]. Proc. Symp. Close-Range Photogrammetry, 1971;1-18.

[28] Tsai R. Y.. A Versatile Camera Calibration Technique for High-Accuracy 3D Machine Vision Metrology Using Off-the-Shelf TV Cameras and Lenses [J]. IEEE Journal of Robotic and Automation, 1987, 3(4): 323-342.

[29] Zhang Z. Y.. A flexible new technique for camera calibration[J]. IEEE Transactions on Pattern Analysis and Machine Intelligence, 2000, 22(11):

1330-1334.

[30] Bas E. K. ,Crisman J. D. . An Easy to Install Camera Calibration for Traffic Monitoring[A]. IEEE Conference on Intelligent Transportation System[C]. Boston, USA: 1997: 362-366.

[31] Chausse F. , Aufrere R. , ChapuisR. . Recovering the 3D Shape of a Road by on-board Monocular Vision[A]. Proceedings of the 15th International Conference on Pattern Recognition[C]. Barcelona, Spain:2000, 1:325-328.

[32] Kanhere N. K. , Birchfield S. T. . A Taxonomy and Analysis of Camera Calibration Methods for Traffic Monitoring Applications[J]. IEEE Transactions on Intelligent Transportation Systems, 2010, 11(2): 441-452.

[33] Wang L. L. ,Tsai W. H. . Camera Calibration by Vanishing Lines for 3-D Computer Vision[J]. IEEE Transactions on Pattern Analysis and Machine Intelligence, 1991, 13(4): 370-376.

[34] Zhuang H. and Wu W. C. . Camera calibration with a near-parallel (ill-conditioned) calibration board configuration[J]. IEEE Transactions on Robotics and Automation, 1996, 12(6): 918-921.

[35] Fung G. S. , Yung N. H. ,Pang G. K. . Camera Calibration from Road Lane Markings[J]. Optical Engineering, 2003, 42(10): 2967-2977.

[36] Zheng Y. ,PengS. . A Practical Roadside Camera Calibration MethodBased on Least Squares Optimization[J]. IEEE Transactions on Intelligent Transportation Systems, 2014,47: 1-13.

[37] Schoepflin T. N. ,Dailey D. J. . Dynamic Camera Calibration of Roadside Traffic Management Cameras for Vehicle Speed Estimation[J]. IEEE Transactions on Intelligent Transportation Systems,2003,4(2):90-98.

[38] 唐佳林，李熙莹，罗东华，等. 一种基于帧差法的夜间车辆检测方法[J]. 计算机测量与控制，2009，16(12)：1811-1813.

[39] 李从生，柏军，周广禄. 基于帧差法的夜间城市道路车辆检测[J]. 制造

业自动化, 2011, 33(4): 212-214.

[40] Wang W., Shen C., Zhang J., et al. A two-layer night-time vehicle detector [A]. IEEE Digital Image Computing: Techniques and Applications[C]. Melbourne, Australia: 2009: 162-167.

[41] Robert K.. Night-time traffic surveillance: A robust framework for multi-vehicle detection, classification and tracking[A]. The 6thIEEE International Conference on Advanced Video and Signal Based Surveillance[C]. Genoa, Italy: 2009: 1-6.

[42] 刘勃, 周荷琴, 魏铭旭. 基于颜色和运动信息的夜间车辆检测方法[J]. 中国图象图形学报: A 辑, 2005, 10(2): 187-191.

[43] Bradski G., Kaehler A.. Learning OpenCV: Computer vision with the OpenCV library[M]. First edition. USA: O'Reilly Media, Inc., 2008: 201-202.

[44] 王鹏, 黄凯奇. 基于视频的夜间高速公路车辆事件检测[J]. 中国图象图形学报, 2010, 15(2):301-306.